歴史文化ライブラリー

183

グローバル時代の世界史の読み方

宮崎正勝

吉川弘文館

目次

グローバリゼーションを読み解く——プロローグ

「地球」世界史の必要性

文明が形成されて以後の世界史は、都市を核とする諸地域のネットワーク（道路、水路、多様な人間関係）が成長、結合、複合していく過程であり、ヒト、モノ、情報、文化が地表のネットワーク上を移動することで織り成されてきた。そうした都市と都市を支えるネットワークの成長、変容に着目して現代社会につながる人類の歩みをトータルに鳥瞰《ちょうかん》しようとするのがネットワーク論である。

ネットワーク論は、あらかじめ世界史の枠組みや空間的中心を固定せず、都市と都市を維持するのに必要な諸ネットワークが濃密に分布する地域を世界史のエンジン部分に位置づけ、都市の規模・分布の変化、ネットワークの変動を軸に五〇〇〇年の世界史を巨視的に把握するための仮説である。当然のことながらこの仮説によると、世界史のエンジン部分は時代とともに地表上を移動するが、そうしたエンジン部分の移動を生み出す社会変化が、世界史の画期にもなっている。

歴史学では、都市の出現以後の複雑な文化を文明と呼び、都市の出現を人類社会のターニング・ポイントとして位置づけている。都市がつくりだす複雑な文明がエンジンとなって地表の開発が劇的に進展してきたのは誰しもが認めるところであり、都市こそが五〇〇〇年の世界史を考える際の鍵になることは明らかである。

ネーション登場の背景

国民国家（ネーション・ステート）勃興《ぼっこう》期の一九世紀に、ナショナリズムの高揚を背景にして形成された歴史学はためらうことなく、ネーション（国家、民族）という人間集団を思考の土台に据え、そこから遡及《そきゅう》して歴史を体系化した。近代国家の形成には国民意識の育成が必要であり、歴史学はナショナリズムを基盤とする認識体系を織りあげるための学問として位置づけられたのである。都市がもつ重要性が見過ごされ、その歴史的位置づけが十分にはなされなかった理由がそこにある。そのために、民族または政治的結合体としてのステートの形成こそが、歴史の帰着点と考えられ、世界史はさまざまなネーションが互いに争いながら自己形成をしていくプロセスとして把握されることになった。初めに抽象的なネーションありきだったのである。

このネーションを単位とする歴史観に科学的な装いを与えたのが、ダーウィン（一八〇九―八二）が提唱する進化論だった。一九世紀に形成されたヨーロッパの近代史学は、ダーウィンの進化論の種の概念を変形させて、民族・国家を世界史の種としたのである。そのために、都市とネットワークの成長が世界史総体をつくりあげ、世界の一体化に至る基本的な道筋を形成したとする視点は見失われてしまった。ボタンの掛け違いである。

都市の重要性

都市を世界史の基礎概念に据える理由は、①地表に多様なネットワークを延ばしていく主体、②周辺部の広い空間をネットワークにより統御する存在、という都市の二つのイメージに由来する。人類社会を成り立たせる地理的空間は都市を核とし、多様なネットワークで諸地方が結び付く網の目状をしていると考えるのである。そうした都市のイメージを組み立てるには、①人口の集中、②第一次産業の比重の低さ、③もろもろのサーヴィスの創造、という都市の三要素に着目することが必要になる。

ネットワーク論では都市が自ら食料の生産に従事しない多くの人口が集中する空間であるという側面に注目し、都市を①都市本体と、②都市本体を支える道路、水路、特別な人間関係などのネットワークの結合体としてとらえる。①都市が住民の生命を維持するためにネットワークを地方に伸ばし続けること、②ネットワーク相互の結び付きが時間の経過とともに変容を続けること、③もろもろの理由で都市とネットワークの担い手が変化すること、が大切なのである。

神経細胞と神経繊維からニューロン（神経単位）が構成されるのと同様に、都市を都市部とネットワークの結合体ととらえることは有用である。都市は人口が多く、第一次産業に従事する者が極めて少ないことから食料を自給することができず、種々のネットワークを通じて地方に諸サーヴィスを提供し、その見返りとして都市部を存続させるのに必要な食料の供給を得るのであり、都市人口の増加と都市とつながる地方の成長は相関関係にあると考えるのである。

都市と地方、都市と都市は、この五〇〇〇年間にネットワークを伸ばして複雑に結び付きながらを地球規模の成長を続けてきた。都市の規模・分布の変化、ネットワークの変容が、人類社会の駆動地域の遷移を具現化しているのである。歴史地図をそうしたイメージで読めば、世界史の変化は読み取りやすくなる。都市とネットワークは現在も変容の過程にあり、都市が存続する限りその変化は持続する。

ネットワークとは

ネットワーク論では、都市と交通路などの諸ネットワークを複合させることで、世界の一体化につながる人類社会の空間的拡大の過程、構造変化を解明できると考える。都市づくりの経験の蓄積が希薄《きはく》で、都市に関心が薄い日本社会ではネットワーク論は単純に理解されがちであるが、都市とネットワークの変動は多様な側面をもっており、その変動により世界史のダイナミズムを描き得るのである。

都市を支えるネットワークというと、奇異の感にとらわれるかもしれない。しかし、都市が膨大な人口を自力で養えない現実が、都市に付随するネットワークを不可欠にさせたのである。

ネットワークを一般的に定義すると、「ヒト、モノ、情報などを運ぶために形成、維持される経路の体系」となる。しかし現実的には、ネットワークは具体的な場の制約を受けるため、その存在形態は多様でありかつ複合的である。

ネットワーク論で考えるネットワークは、①都市と地方の持続的な結び付きを保つための道路・水路などのインフラとしてのネットワーク、②多様な人的結合が階層的に組織された官僚制、軍隊、宗教などの組織としてのネットワーク、③交易にみられるような強制を伴わない自発的結び付きにもとづく相互依存体系としてのネットワーク、の複合体と理念化される。複合体としての都市のネットワークには異質な社会を統合する機能があり、長い時間をかけて文化、文明の違いは克服されていった。都市の進化と地方の変容はネットワークの変化により支えられたのである。

ハンガリーの経済学者ポランニーは、人がモノを手に入れるには人と人のつながり、つまりネットワークが必要であるとし、その存在形態を分析して、①ギブ・アンド・テイクの互酬性《ごしゅうせい》（共同体）、②再分配（権力〔王権〕による食料の集約と再分配、組織化）、③交換

（市場における交換）に分けた。それら三者が組み合わされて人類の物質的生活が維持されてきたとするのである。

ポランニーは、上記の三つの形態は発展の関係として前後に配列されるのではなく、どの時期においても併存していると考える。たとえば、ポランニーは、「市場の最も重要な成果――すなわち都市および都市文明の誕生――は、実際、逆説的な発展の結果であった。なぜなら、市場の所産である都市は、市場の守護者だっただけでなく、市場が農村へ拡大し社会の支配的経済組織を蚕食《さんしょく》することがないように封じ込める手段でもあったからである。……都市は市場を包み込むとともに、またその発展を押さえ込みもしたのである」（吉沢英成他訳『大転換』）として、再分配と交換が互いに異なる利害関係の下で矛盾を孕《はら》みながら共存することを指摘している。

確かにモノの取引を中心に据えてネットワークを考える際に、ポランニーの説明は妥当性を持っている。ネットワークの三つの形態は併存しながら、時期により主要側面を転換させた。すなわち、都市形成の初期において中心的な役割を担った都市と地方の間の互酬性は、地方を統御する都市の機能が強まるにつれて再分配中心に変わり、都市が膨大な工業製品を生産する産業革命以後になると自動調整的市場での交換中心へと変形した。つまり、一九世紀以降も、国民国家という政治システムの下で税の徴収・分配を軸に再分配ネットワークは持続し続けるが、蒸気力と機械による大規模な生産の場に変身した都市は、地方の食料と交換できる膨大なモノ（工業製品）を生産するに至り、都市と地方の間の主要な関係が交換に変化したのである。

ネットワークは、競争、吸収、分岐、相互接続などによりダイナミックに存在形態を変化させたが、それだけではなくネットワーク革命と言ってよいような、ネットワークの大転換が産業革命期に起こされた。一九世紀以後の自動調整的市場での交換を出現させた条件としてポランニーは、国際的金本位制、自動調整的市場をあげているが、①都市の工場群での大規模な生産、②地方から都市への大規模な人口流出による都市人口の激増、③鉄道・蒸気船などの人工的・高速ネットワークの出現、がそうした変化の前提になっている。生産と流通の条件が激変するなかで、蒸気機関を利用した高速ネットワークが地球規模で広がり、新たな生産と流通に適応できるような、「組織としてのネットワーク」の変容が起こったのである。

国家システムの登場

ネットワークは網状の組織を意味する言葉で、コンピューターの普及とともに一般化している。しかしネットワークが、社会を考える際に有用であるという指摘は古くからなされてきた。イギリスの歴史家アーノルド・トインビーは、社会とは「人間存在の間にはりめぐらされた網目（ネットワーク）全体のことである。したがって、社会の構成要素は人間の存在ではなく、人間の間の諸関係なのである」と定義している。

人間という言葉は極めて抽象的であるが、具体的な人間存在は他者やもろもろの場との結び付きを持っている。ネットワークを持たない孤立した抽象的人間は存在しえない。それと同様に都市などの装置も、自らの存在にとって必要不可欠なネットワークにより支えられたのである。

人類は歴史過程で多様な結合方式を生み出し、それを固定化し、構造化することで社会を形成してきた。それぞれの時代は共通する固有の社会構造、つまりシステムを持つが、それは空間的に見ると構造化されたネットワークにほかならない。世界史として人類の歩みの総体を巨視的に把握するには、人間が作るシステムの推移が基層をなすネットワークの変容をもとに考察がなされねばならないことになる。

都市は、治安、治水灌漑網《かんがいもう》の維持、交易などの多様なサーヴィス、目眩《めくるめ》く文明、諸々の技術、多様な手工業製品などを地方に提供し、その見返りとして地方から食料を獲得した。ネットワークは最初に、都市と地方を互酬関係でつなぐ双方向の循環経路という性格を持っていたのである。

都市が組織する灌漑により地方の存続が保障されるようになると、都市は地方を統御す

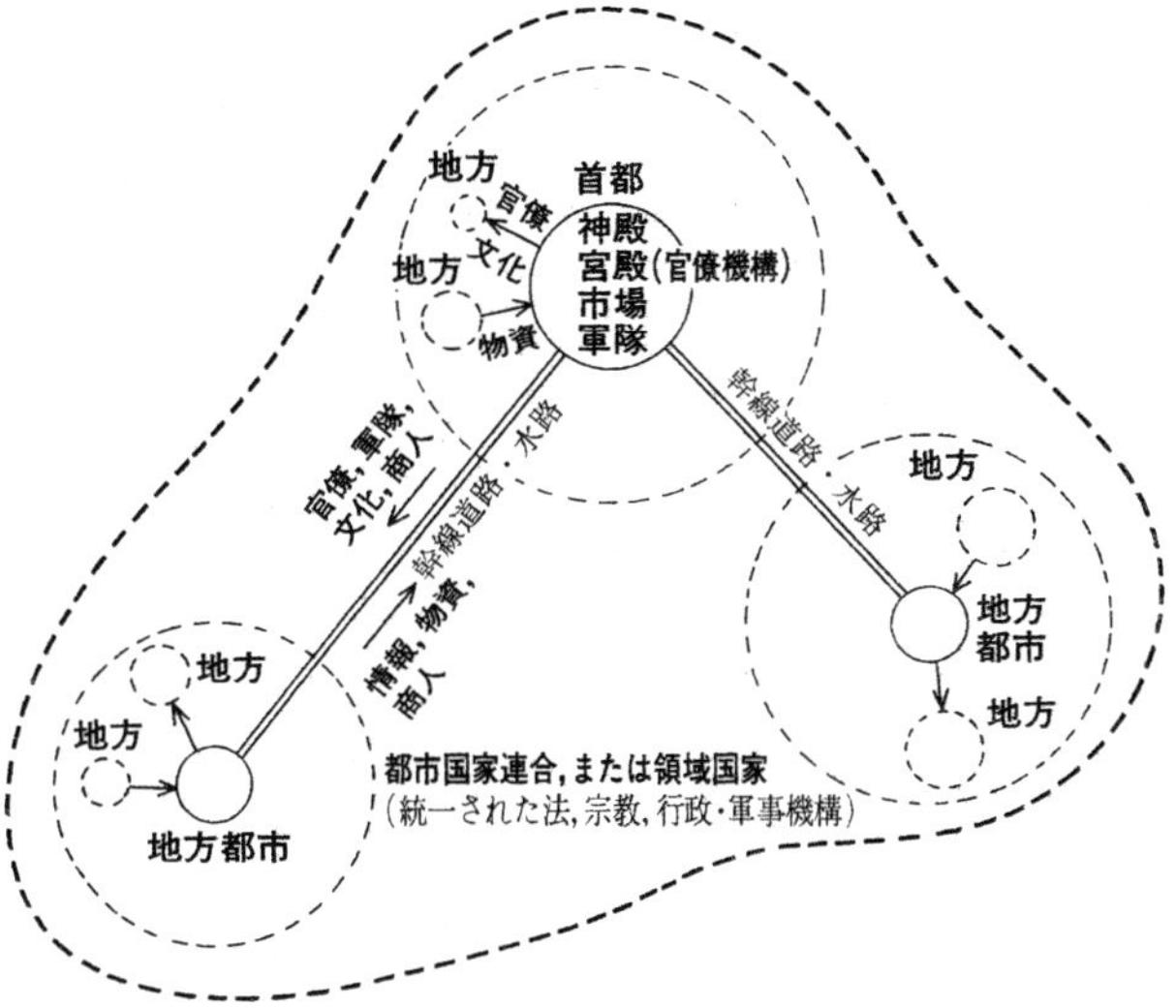

図１　国家の形成（ネットワークのシステム化）

る政治的機能を持つようになり、地方に要求を発し続けながら機能と規模を拡大し続けた。その段階で都市は、自己を権威づけるために神々の名により自らを神聖化し、自らが紡ぎだしたイデオロギー（宗教）で都市と地方を序列化した。都市の権力を不動のものとして説明し、地方に納得させたのである。やがて都市の住民も、自己の優位性を信じ込むようになる。

　都市を権威づける宗教は、諸地方の「カミ」・伝承を取り込むことで地方の人々への説得力を強めていった。また都市で行われる荘厳な宗教儀礼も、各地の祭礼や祭式を組み込むことで権威をもった。都市で作られた思考の枠組みや生活規範は、普遍性をもつ宗教、あるいは価値あるモノとして地方に押し付けられたのである。また、都市で作られた文字、法律、官僚制、軍隊、装置、生活習慣なども複雑なプロセスを辿《たど》りながら地方に浸透し、諸地方が都市に従属する媒体となった。

都市部は壮麗な城壁、神殿、宮殿などで飾られ、ヒト、モノ、文化が移動するネットワークもしだいに太くなっていった。都市機能は肥大化・複雑化し、それと対応してネットワークも多様化・能率化して地方の支配を安定させたのである。

そうしたなかで都市部を支えるネットワークは一つの体制として構造化され、安定したシステムに姿を変えた。構造化されたシステムが、歴史的存在としての国家（都市国家）である。国家は都市が食料の安定供給を維持する目的でつくったシステムだったが、攻守単位、生存単位として説明され、地方の生存にも不可欠のシステムであるとイメージされるようになった。

コア（核）地域のネットワークが拡がっていく過程で、交易、戦争などにより複数の地域・国家が互いに結びつくようになり、強力な都市を中心に大領域の都市とネットワークを統合する複合システムが形成されていく。複合システムとは、都市国家の連合体や中心都市（首都）のネットワークとそれに従属する地方都市のネットワークを複合した大システム（領域国家）である。都市の成長、ネットワークの広域化、国家システムの複合化は同時に進行したのである。

そのように考えると、プリミティヴな形態の小国家（都市国家）から領域国家を経て世界帝国に至る国家というシステムの成熟を、ネットワークの膨張・拡大、ネットワークの規模に相応《ふさわ》しいシステムへの改編という視点、ポランニーが言う経済の互酬性、再分配、交換の比重の変化の視点を根底に据えて、ネットワークの変化への対応として連続的に把握することが可能になる。ネットワークの変容が、システムの転換を余儀なくさせたのである。

諸地域世界の出現

乾燥化の危機と人類社会の変化

第二の自然「畑」の創造

人類史の最初の画期となったのが、約一万年前の農耕・牧畜の出現とそれに伴う大規模な社会変化だった。狩猟・採集社会（獲得経済）から農耕・牧畜社会（生産経済）への移行は食料生産革命と呼ばれているが、狩猟・採集社会と農耕・牧畜社会は相互にまったく異質な社会であり、人々の発想が変わらなければ、大転換はとても起こり得なかった。農業革命とも呼ばれるこの変化は、同質な社会の連続的変化の過程とは見なしがたい。新たな重大な条件が人類社会に付加されることで、社会構造が根底から組み換えられたのである。

この大転換の理由は、自然界に狩猟・採集が続けられないような危機的変化が起こり、それへの対応のために生活方法の転換を余儀なくされたことにあった。農耕・牧畜への移

図2　サハラ砂漠

行は、人類が生の自然に依存する生活を人工的環境（畑）に依存する生活に組み換えたことであり、異質な社会への移行だったのである。

農耕社会の出現の舞台になったのは、地球の自転に伴って起こる赤道からの乾いた空気の大循環が生み出す中緯度地帯の乾燥化だった。暑さにより赤道付近で猛烈な上昇気流が起こり、上空で寒冷化・乾燥化した大気が地球の自転と地軸の傾きにより南・北両回帰線付近に吹きおろし、大乾燥地帯を生み出したのである。北回帰線に沿って連なる、サハラ砂漠、シリア砂漠、タール砂漠、タクラマカン砂漠、ゴビ砂漠という砂漠群がそれである。農業は、その周辺のステップ（草原）から始まることになる。

最後の氷河期が終わって大規模な乾燥化が進むと、狩猟・採集生活を続けられなくなった人々は、大量の穀物を実としてつけるイネ科の雑草が身近に存在するという特殊条件を生かし、農耕に依存する生活へと転換した。それはやむを得ざる危機への対応であり、社会の異次元への飛躍だった。

農業は特定の土地を人間が管理する人工的な第二の自然（畑）に変え、そこから集中的に食料を獲得する効率のよい社会を出現させた。それまで生《なま》の自然の循環（生物圏）の中で生きてきた人類は、畑という人工的空間（人間圏）に依存して生活するようになったのである。自らが管理する空間（畑を中心とする人間圏）を創造することにより、人間は特殊な生物に姿を変えた。ちなみに生物圏とは、地表から上下六〇〇〇〇メートル程度の生物の生存可能な空間であり、そのうち人間が管理する空間を人間圏という。

ところが始まってみると農耕・牧畜により支えられる社会は、狩猟・採集社会よりも単位面積当たりの人口扶養力が極めて高かった。人口の増加―畑の拡大―人口の増加というサイクルが繰り返されるなかで、人類が管理する人間圏は、急速に拡大していく。その理由は、穀物の多産性にあった。考古学者ブレイドウッドと動物学者リードは、狩猟採集社会では一〇〇平方キロあたり一～五人が生活できるのに対し、初期農耕社会では約一〇〇〇人の生活が可能なのではないかと推測している。またロジャー・レビンは、農業革命が起こった一万年前の人口を僅《わず》か五〇〇万人から一〇〇〇万人にすぎなかったと推定し、それが八〇〇〇年間に急激に増加して三億人に至ったとしている。

河川文明の出現

天水《てんすい》農業により食料枯渇《こかつ》の危機をいちおう回避した人類だったが、数千年が経過して人口が増加すると、簡単に畑として利用できる土地の不足に悩まされた。乾燥地帯では、自然に近い状態で穀物を栽培できる恵まれた土地が極めて少なかったのである。人類は、畑不足という第二の危機に直面することになる。新たな困難に直面した人類は、水路や堤防を築いて河川を管理し、巨大な水の循環を作りだすことで問題の解決に向かった。灌漑《かんがい》農業の出現である。灌漑ネットワークの建設と維持により大規模に新しい畑をつくり、穀物の増産を確保したのである。

灌漑とは、植物の生育を維持する目的で人工的に土地に水を引くことを意味している。最初は小規模に始められた灌漑だったが、一度その有用性が理解されると急速に普及、大規模化し、畑の面積は飛躍的に増加していった。灌漑という新技術は、当然にそれを可能にするような新しい社会システムを求めることになる。

灌漑は約一万年ないし八五〇〇年前から始められた。パレスチナのイェリコ、アナトリアのチャタル・フィユクの大規模な集落遺跡は、そうした新しいタイプの農業に根ざした農耕遺跡と考えられている。それらの遺跡は、人類最古の都市遺跡でもあった。

約七〇〇〇年前になると灌漑が大河の流域に及び、大規模化していった。灌漑には、水路網を作って水を管理するメソポタミアなどの硬い灌漑、エジプトのベイスン灌漑やインダス川の灌漑に見られるような、増水期と減水期の自然の循環を巧みに利用する柔らかい灌漑があったが、いずれにしても灌漑は大規模な水の循環を作りだし維持するためのネットワーク化されたインフラであった。灌漑の規模を拡大するには多くの装置の増設と、灌漑施設の建設と維持に携わる多くの人力の恒常的組織が必要だったのである。

灌漑により生みだされた畑は、人類が作りだした大規模な水の循環により維持される人工空間であり、畑の増加は生の自然（生物圏）の縮小を意味した。畑は生の自然と同じように豊かな緑に覆われているが、その性格は根本的に違っている。生の自然が数え切れない生物の見事な調和からなるのに対して、畑では雑草・害虫・害獣として人間が必要としない生物が排除される。畑は、人間にだけ奉仕する人工空間として姿を現したのである。シュメール人の都市国家ウルで生まれた人類最古の叙事詩『ギルガメシュ叙事詩』には、王ギルガメシュがエンキドウと一緒に森の神フンババを殺害する物語が含まれているが、人類は大規模に森（自然）を破壊し、文明を築き上げた。

大規模な水の循環の創造は、新システムの形成を不可欠にした。灌漑による人工空間の建設と維持には、多数の人間の協働が必要だったのである。多くの人員と資材の配分、配置には多数の集落の組織化が欠かせなかった。集落を組織する都市と諸集落は最初は、ギブ・アンド・テイクの互酬《ごしゅう》関係にあったのである。都市は多くの畑が機能できるための基盤の整備、維持を行い、治安を維持するなどの行為の代償として穀物を得た。

しかし、時代が経過するなかで、都市は集落を統御する権力を持つようになる。都市は、多様な装置を設け、人工的な水の循環をコントロールする管理センターとしての立場を利用して税を取り、法律と官僚システム、軍隊により諸集落を押さえ付けたのである。

文明の要件

都市が形成されて以後の複雑な文化の体系が、文明である。文明と文化がどのように区別されるのかについては諸説があるが、考古学者のブレイドウッドは、文明を、①十分に効率を発揮している食料生産、②都市と都市化現象、③形式的な政治的国家、④形式的な法律―道徳秩序の新しい感覚、⑤形式的な計画と仕事、⑥階級と階層秩序、⑦文字、⑧芸術における壮大性、の要素を備える「特殊な文化」であると規定している。

諸集落を統合する都市で生み出された新文化（文明）が地方の諸文化を統合し、さらに各地方の文化が相互に交流するなかで、都市には風土と切り放された人工的な文化体系（都市文明）が生み出された。文明は都市から周辺部へと伝播《でんぱ》することによって影響力を拡大し、広大な地域に大変動をもたらしたのである。

都市の成因については、①砦《とりで》が都市建設の要因になったとする政治・軍事的側面を重視する説、②市場と交易の場として都市が建設されたとする経済的側面を重視する説、③

神殿を中心に都市が建設されたとする宗教的側面を重視する説などがあるが、定説はない。しかし、基本的には、先に述べたような灌漑農業のインフラ整備、維持が都市成立の発端となる重要な要因と考えられる。

都市が諸ネットワークを通じて地方から集めた食料は、権力を有する都市が自らを維持するのに必要とする作物を農民に作らせたものであり、農民が作り過ぎて消費できない余剰作物を集めたのではなかった。地方は都市が必要とするモノを作ることを強要されたのである。都市は農耕社会の拡大を主導する立場にあり、地方はそのコントロール下にあったと言える。

各地で交易活動が盛んになり、道路、水路などのインフラとしてのネットワークが整備されるようになると、都市の機能分化が起こり、相互依存体系のネットワークの軸となる経済機能を有する都市や宗教機能を有する都市などが複合する複雑なシステムも現れた。しかし、基本的に都市は政治機能が中心であり、他の諸機能はそれを中心に複合されるのが一般的であった。

世界史のコア（核）地域

農耕は、狩猟・採集と組み合わされながら世界の各地で開始されたが、ニジェール川流域におけるサヴァナ農耕文化、東南アジアの根栽農耕文化などで都市革命が連続しなかったのは、灌漑が発達せずに集落規模が拡大しなかったことに原因があるように思われる。シコクビエ、ササゲ、ヒョウタン、ゴマなどを主な作物とするサヴァナ農耕では繁茂する雑草を取り除くことが第一条件であり、畑の規模も限定されていた。また、バナナ、ヤムイモ、タロイモ、サトウキビなどを主産物とする根栽農耕でも、大規模な畑の出現は見られなかった。

世界史のコア（核）地域に共通する自然条件は、①人工的なオアシスを作らなければ十分な農耕条件を維持し得ない、②大規模なオアシスを作るための水に恵まれる、という二点にあった。河川の水を管理することにより人工的に畑を作りだすことが、必要不可欠だったのである。しかし、灌漑は自然との闘いであり、多くの労働力の組織化と複雑な技術の体系を必要とした。

犂《すき》や鍬《くわ》などの農具の発達、金属器の出現、輸送技術の発達、用水路・堤防建設に関わる土木技術の発達、河川・水路管理技術の発達、多くの人々を動員するシステム、自然の循環などの知識、自然についての共通の観念などが必要だったのである。

数千年の長い歳月を積み重ねることで獲得された総合的な灌漑技術は、広大な畑を出現させ、人口の増加と余剰農産物の生産を可能にした。しかし、複雑な作業分担により維持される人工的農地（畑）は、今まで見られなかった複雑な社会を出現させた。マンフォードは、「河川文明は、水流の高低をコントロールしたり、洪水が消し去った境界を区分したり、共同の使役を義務化したり、諸税を徴収したり、交易を監督したり、法典《ほうてん》を編集したり、国境を見張ったりする必要をともなった」（久野収訳『人間・過去・現在・未来』）と、河川文明が複雑な分業を伴うものだったことを指摘している。

多様なネットワーク構造

河川文明が展開されたコア地域では都市をセンターとするネットワークが成長するが、それぞれの風土、歴史過程を反映してネットワークのでき方が異なっている。その状況は以下のようになる。

ナイル川の緩《ゆる》やかな洪水により維持される古代エジプトの農業社会では、流域の水系ごとに四二のセパト（またはスパト、ギリシア語ではノモス）という地方的ネットワークがまず成立した。各セパトは灌漑水系を中心とするインフラとしてのネットワークと中心都市ヌトからなっていた。セパトという文字は「縦横に交差する堤防」、ヌトという文字は「道路の交差点またはいくつかの街区を囲む円形の周壁」を意味しており、分かりやすい。

ヌトは、交通の要衝に設けられた砦、自然界の繁殖力を維持させる力を持つと考えられていた王の住居の所在地であり、地域の守護神を祭る神殿、モノが交換される市場なども設けられ諸地域の総合的なネットワーク・センターだったのである。やがてファラオ（王）がナイル川流域を統一すると、首都メンフィスに従属したヌトは自立性を失いファラオの官僚、神官の滞在場所となった。しかし、ファラオの支配力が弱まる中間期においては、ナイル川流域のネットワークは分裂して、かつてのセパトを中心に地方がそれぞれ自立した。ヌトはそれぞれの地域の中心都市として復活したのである。

エジプトの都市は無計画都市という言葉があるように未成熟で、単に住居の寄せ集まりといったような状態だった。首都メンフィスも、縦横六・五キロ、一三キロの範囲に集落が連なっているような状態であり、計画的な大規模道路は建設されなかった。エジプトでは、ナイル川が交通の大動脈《だいどうみゃく》となるエコシステムに根ざしたネットワークが作りあげられたのである。

メソポタミア南部では河川の氾濫《はんらん》が制御しにくく、比較的灌漑網を築きやすい地域に点々とシュメール人の手で灌漑のセンターとしての都市の建設がなされた。それぞれの都市は、都市を構成する氏族の守護神を祭る聖域を中心に形成され、都市の主神に仕える祭司長であり同時に神の執事《しつじ》であるエンシにより支配された。ティグリス川、ユーフラテス川の水系ではエジプトのような流域の一体化した灌漑は困難であり、各都市がそれぞれ自立した灌漑網を作りあげていた。

それぞれの都市は、天然アスファルト、モルタルでつないだ煉瓦《れんが》作りの四階から七階のジッグラト（天上の山、あるいは神の山の意味）という神殿塔を設け、宗教的に自らを権威づけた。

メソポタミアの都市は自立性が強く、最初は排他的、自給自足的であったが、都市のネットワークが相互に結び付くようになると、有力な都市が都市国家連合のかたちで周辺諸都市を支配するようになった。各都市の守護神が自然界の各機能を分担して宇宙の秩序を維持していると考えられ、最も有力な都市の守護神が神々の会議を主宰するとされて、その執事たる王が諸都市のネットワークを支配した。中心都市は、神の名の下に法律を制定したり、道路網、運河網を整備してネットワークを強固にしようとした。

インダス川流域のネットワークについてはインダス文字が解読されていないこともあり不明な点が多いが、インダス川流域の農耕集落を結ぶ交易ネットワークの上にモヘンジョ・ダロ、ハラッパー、カリバンガン、ロータルなどの都市の繁栄が見られた。またインダス川のネットワークはロータルなどの港、ペルシア湾のバーレン島、ファイカラ島を経由してメソポタミアのネットワークと結び付いていたことが、インダス文字が刻まれた滑《かっ》石《せき》製の印章の分布で明らかになっている。

都市遺構が保存されているモヘンジョ・ダロでは、南北、東西に約一〇メートルの大通りが交差し、碁盤の目状に幅一・五〜三メートルの街路が設けられ、中央に各戸の下水溝とつながる下水道が設けられていた。こうした設備はロータル、チャンフー・ダロにも見られ、インダス川流域の都市が、他の地域に例を見ない整然とした人工的な都市プランをもっていたことがわかる。洗練された都市プランや壮大な神殿・宮殿の不在は、インダス文明のネットワークの商業的性格を物語っていると考えられている。しかし、インダス川流域のエコシステムと対立する人工的な都市とネットワークは脆《もろ》さを有しており、五〇〇年くらいしか続かなかった。

図3　モヘンジョ・ダロの都市遺跡

黄河《こうが》流域では、氾濫《はんらん》の頻発《ひんぱつ》により黄河本流を農耕に利用することは難しく、当初は黄土《こうど》台地で地下水を利用して農業を行うか、比較的洪水の被害を受けにくい支流の氾濫原で農業を営むしかなかった。こうした地域には黄土を固めた壁で囲まれた多くの邑《ゆう》（集落、支配的な立場に立つ都市は大邑《だいゆう》と称された）が作られたが、やがて開発が進んでネットワークが拡大すると、獣骨を焼いて神意を占う能力を持つ王を中心にして宗教的な連合体（邑国家連合）が形づくられた。こうした神と人間世界を媒介する王により統合される邑の連合体が夏《か》であり殷《いん》である。

世界帝国とは何か

世界帝国と諸地域世界

諸地域世界はそれぞれ風土的条件を異にしたが、自然環境、歴史条件に適応するかたちでネットワークが成長を続け世界帝国を誕生させた。ここでいう帝国とは、王国や民族を越えた支配者である皇帝が支配する地域を指し、世界帝国とは、交通機関が整備されていなかった時期に、人々がイメージできる限りの世界全体を支配した帝国という意味である。つまり、都市が出現した後約二五〇〇年の歳月をかけて海、砂漠、荒れ地、山岳、草原などの自然の障壁により阻《はば》まれるぎりぎりの限界にまで広がったコア地域のネットワークを構造化したシステムということになる。

現在の地球文明の基底には、幾つかの世界（文明圏）がある。それは、東アジア世界、南アジア世界、イスラーム世界、ヨーロッパ世界というように言語、宗教、価値認識、システムを共有する地域であるが、諸地域世界（文明圏）の土台を築いたのが世界帝国だった。世界帝国の大規模なインフラ、組織・相互依存関係のネットワークを通じて、広い地域に文明が定着したのである。文字、宗教、法律、政治・経済システム、都市を彩る装置などは世界帝国で作られ、周辺諸地域に拡散していった。

約五〇〇〇年前に文明が出現して以後の大部分の時間は、世界帝国が形成され興衰する時期だった。最初の安定した世界帝国ともいうべきアケメネス帝国（前五五〇～前三三〇年）がイラク地方を中心に成立したのは、約二五〇〇年前のことであり、地中海周辺に海洋帝国ローマ（前二七～後四七六、一四五三年）が成立したのは約二〇〇〇年前である。その間に、南アジアのマウリア朝（前三一七年頃～前一八〇年頃）と東アジアの秦《しん》帝国（前二二一～前二〇六年）が成立している。五〇〇〇年に及ぶ文明の歴史の約半分が、世界帝国の形成に費やされたことになる。

世界帝国の持続には地域による偏差があるが、清《しん》帝国（一六一六～一九一二年）、オスマン帝国（一二九九～一九二二年）が滅亡したのは、今から約一〇〇年から九〇年前であるので、約二四〇〇年間も続いたことになる。近代的な国民国家という人為的システムで世界を括《くく》るよりも、世界帝国を土台に据《す》えて文明圏の複合としての世界史を考察した方が、歴史の流れはより明確になる。世界史教育で、文明圏、諸地域世界が歴史構成の軸になっているのは、そのためである。

世界帝国の諸装置

世界帝国を土台とする諸地域世界については、東アジア世界が冊封《さくほう》体制《たいせい》あるいは朝貢貿易《ちょうこうぼうえき》体制、南アジア世界がカースト体制、イスラーム世界がウンマ（イスラーム共同体）、ヨーロッパ世界がキリスト教会とローマ帝国の権威などを利用することで、構造的把握がめざされている。

世界帝国の成立に決定的な役割を果たした装置は、いうまでもなく大規模な道路・水路網だった。「すべての道はローマに通ず」という言葉があるが、世界帝国は自らに相応《ふさわ》しいインフラを必要とした。広域における再分配を基盤とする帝国を維持するための物資、情報、人の往来、軍隊の移動などのすべてが、道路、水路などのインフラを通じてなされたのである。首都をセンターとし、地方都市を核とする道路、水路網が帝国の骨格をなした。

世界帝国では、大都市の支配層、あるいは外部から侵入してきた異民族、反体制勢力などがネットワークを支配し、権力の担い手となった。特に、世界帝国の変遷には遊牧民《ゆうぼくみん》と馬が大きく関与していることが重要である。農耕社会に大変動をもたらす衝撃が、北の大草原からもたらされたのである。馬はそのスピードと貨物運搬能力で道路の効率を飛躍的に高め、家畜群の管理で培《つちか》われた遊牧民の組織能力は、組織としてのネットワークを改変

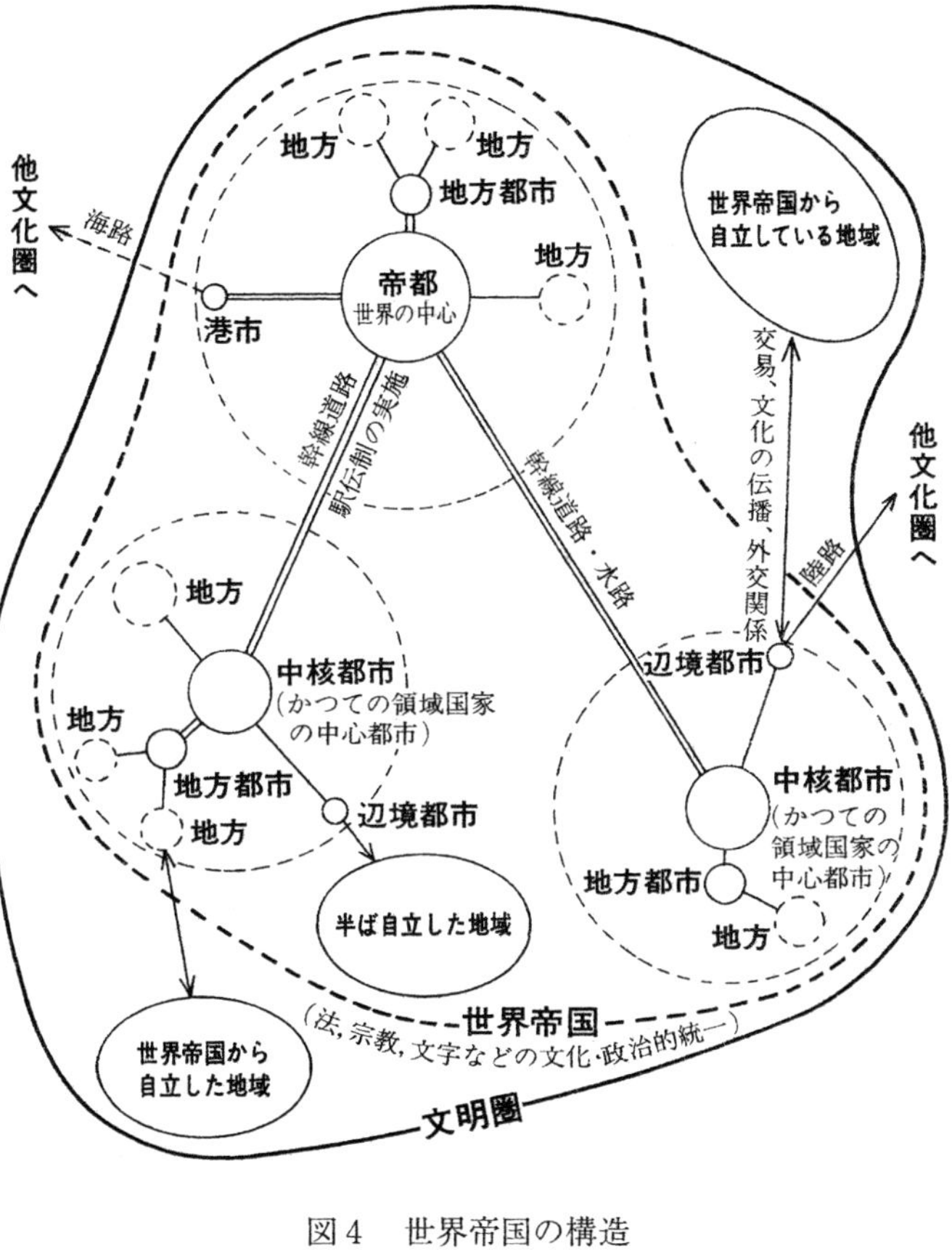
他文化圏へ
海路
地方
地方
地方都市
帝都
世界の中心
地方
港市
幹線道路
駅伝制の実施
幹線道路・水路
世界帝国から自立している地域
交易、文化の伝播、外交関係
他文化圏へ
陸路
地方
中核都市
（かつての領域国家の中心都市）
地方
地方都市
地方
辺境都市
辺境都市
中核都市
（かつての領域国家の中心都市）
地方都市
地方
半ば自立した地域
世界帝国
（法,宗教,文字などの文化·政治的統一）
世界帝国から自立した地域
文明圏

図4　世界帝国の構造

し、効率性を高めた。

たとえば西アジア・地中海では、前一五〇〇年前後のインド・ヨーロッパ系諸族によりもたらされた軽戦車、短弓《たんきゅう》、騎馬技術が、戦争の大規模化、効率的なネットワーク支配などをもたらしアッシリア、アケメネス帝国の出現の契機となっている。インドではアーリア人の侵入が社会の大変動をもたらし、中国では西方から中原《ちゅうげん》（黄河の中流域）に進出してきた遊牧系の秦がはじめて世界帝国を出現させた。

世界帝国は、システムを維持するのに適していると考えられた場所に広域ネットワークの核となる首都（帝都）を築いた。場合によっては遷都《せんと》がなされたり、新都の建設がなされたり、複数の都市が首都機能を分担しあう場合もあった。首都こそが、世界帝国という壮大なシステムの核をなしたのである。再分配を軸に動く世界帝国で首都（帝都）は、経済、政治、軍事上で圧倒的な位置を占めていた。世界帝国と周縁《しゅうえん》諸地域を結ぶ遠隔地《えんかくち》貿易も、首都の膨大な需要が原動力になったのである。

イギリスの歴史家アーノルド・トインビーは、世界帝国がシステムを確立するための装置・道具として、①駅伝制《えきでんせい》などの交通手段、②駐屯《ちゅうとん》部隊と植民地、③地方制度、④首都、⑤公用言語と公用文字、⑥法律制度、⑦暦法《れきほう》、⑧度量衡《どりょうこう》ならびに貨幣、⑨軍隊、⑩官僚制度、⑪市民権、を列挙している。首都は、それらのもろもろの手段を組み合わせて大ネットワークを秩序化したのである。

世界帝国の首都は、他では見られないような壮麗な宮殿や神殿で飾られ、諸地方に官僚、商人、神官、使節などを派遣し、各地の文化を統合した世界文明を生み出した。また、システムの維持や都市の多彩な生活を支えるために特殊技能を持つ多くの人材が育成され、市場が開かれて多様な物産の交易が行われ、多くの奢侈品《しゃしひん》が製造されるなど、地方には見られない多彩な活動がなされている。

世界帝国の広域ネットワークは、素朴な畜力や帆船《はんせん》をフルに利用して膨大な食料を集め、首都が多くの人口を扶養することを可能にした。世界史を通観してみると、産業革命以前の人口一〇万人以上の都市は数えるほどしかないが、ほとんどが大ネットワークを有する世界帝国の首都だった。

世界帝国は、宗教や固有の政治思想を利用して自らのシステムを普遍的なものと説明し、巨大な建造物により帝国の秩序と繁栄を視覚化した。首都で生み出された多彩な文化は地方を魅了し、ネットワークを通じて地方に浸透した。世界帝国は広大な周辺諸地域を同化し、多面的影響を与え続けたのである。

遊牧社会は農耕社会の強敵となった

もう一つの大世界

中央アジアの砂漠地帯の北縁に沿い、西からハンガリー平原、黒海北岸のウクライナ草原、カザフ草原、モンゴル高原、大興安嶺《だいこうあんれい》と続く東西約七〇〇〇〜八〇〇〇キロ、幅三〇〇〜八〇〇キロに及ぶ降水量五〇〇ミリ以下のステップ（草原）は、砂漠地帯の南に点在する山脈などに隔てられた大農耕地帯を相互に結び付ける巨大空間であった。大ステップは都市をつくらず未熟なネットワークでつながる遊牧《ゆうぼく》民《みん》の生活の場となった。彼らの世界は、インフラとしてのネットワークを必要とせず、人間の結び付きで成り立っていたのである。馬を操《あやつ》るのに長《た》けた遊牧民はステップの南縁に広がる砂漠地帯の小規模な農耕社会（オアシス農耕社会）に穀物を求め、畜産品、毛皮などとの交易を日常的に行った。遊牧社会とオアシス農耕社会は、共生関係にあったのであ

図5　遊牧民の生活

る。

自己の機動的な軍事力に自信を強めるようになると、遊牧民は富を求めて繰り返し大農耕地帯に侵入して都市と大ネットワークを支配し、世界史の転換を促す役割を果たすようになる。騎馬技術と馬上で射ることのできる威力のある短弓《たんきゅう》を組み合わせることで破壊的ともいえる軍事力を持った遊牧民は、コア地域の大農耕地帯を脅《おびや》かし続けたのである。

乾燥が激しいステップでは水が得られないために農耕は不可能であり、群れをつくる習慣があり管理しやすい家畜（偶蹄類《ぐうているい》）の飼育に全面的に依存する社会が作りあげられた。そうした社会を遊牧社会という。遊牧というのは、個々の家畜を馴《な》らすのではなく、能率的に家畜を群れとして飼い馴らすことから始まり、全面的に家畜に依存することで維持された。つまり遊牧とは群居する性格を持つ偶蹄類の群れを支配する技術の上に成り立っていたのである。

遊牧民は、羊などの偶蹄類の家畜群の飼育に依存しながら、五、六家族が集まり住むことで一集団をなし、一〇キロ余り離れて草原に散居《さんきょ》していた。一家族が生活するには羊でいうならば二〇〇頭程度が必要であり、五家族一〇〇〇頭程度が一ヵ所で生活するのがせいぜいであった。多くの家族が特定の地域に集まり住むことは不可能だったのである。

餌になる草を追って、それぞれの遊牧集団は畜群を率いて一定の地域を移動しながら生活した。広大なステップをフルに活用した生活形態だったのである。彼らの生活は、いわば管理された狩猟社会ともいうべきもので、選択された特定の家畜の管理を基本に据えており、それが社会構成の原理になっていた。人工的な空間で穀物を栽培する農耕社会とは異なり、自分たちにとって都合のいい家畜群を巧みに管理することで成り立っていたのである。

しかし、生殖を管理した動物の繁殖力に依存する社会は効率の良い狩猟社会と同じであり、農耕社会に比べると単位面積当たりの人口扶養力が極めて低かった。遊牧社会の拡大を保障したのは、中央アジアの気も遠くなるような広がりをもつ大草原の自然力だったのである。

遊牧社会の形成

遊牧民の生活は極めて簡素であり、衣・食・住のための諸物資、燃料は、動く食糧庫ともいうべき家畜の群から供給された。家畜の乳、肉、皮、腱、糞などが余す所なく利用される、極めて簡素な生活だったのである。しかし、人間が特定の動物の生殖を管理することにより成り立つ遊牧社会にはそれなりの技術体系が必要であり、簡単に遊牧社会ができあがったわけではなかった。遊牧社会を成り立たせるには、それなりのノウハウが必要だったのである。

そのノウハウは、以下のようになる。

(1)　家畜の肉を食べるのではなく、家畜を生かしたままで長期間乳を利用し続ける搾乳《さくにゅう》技術の開発。それにより家畜から長期間にわたり乳製品を獲得できるようになり、家畜は生きた食料庫となった。

(2)　群として家畜をコントロールする諸技術の開発。偶蹄類《ぐうているい》の動物は少数の牡《おす》を中心に群居する性格があるため、牡の数を制限することが不可欠だった。そのために去勢《きょせい》技術が進んで繁殖能力を持った牡の数が制限され、少数の牡を管理することで群を支配した。牡の幼獣を大量に殺戮《さつりく》して、牡の数を制限する場合もあった。人間に対して柔順な群を作りあげる技術は、遊牧社会の形成・維持の基礎技術となった。

(3)　騎馬技術の開発。遊牧社会の規模を拡大するには、広い地域に拡散する家畜の管理が必要だった。馬を利用することで人間が管理できる羊の数は、一〇〇頭程度から一〇〇〇頭程度へと一〇倍に増加したとされる。つまり、農耕社会でいえば灌漑《かんがい》による畑の拡大が社会の膨張の基礎だったが、遊牧社会では人間が機動性を増して活動範囲を広げることにより社会規模が拡張できたのである。騎馬技術は同時に、草原に散居する遊牧集団の間に組織としてのネットワークを作りあげる役割をも果たした。都市、道路、水路などが存在しない遊牧社会ではシステムのでき方が極めてシンプルであり、日常的には各集団の自立性が強かった。ただ、気候の変動による家畜の減少などの危機への対応、敵対勢力の攻撃からの防禦、農耕社会からの略奪などの必要が生じた際にネットワークは強められ、特に大農耕社会への攻撃などがなされる場合には強固なシステムが必要になったのである。しかし、必要がなくなれば遊牧という生活の基本にたちかえり、家畜の群を率いる多くの集団に分かれたのである。

騎馬技術は、いってみれば馬を強力な人間の足に変える技術であった。馬の機動性と広域性は、広大な広がりを有する草原を相互に結び付け、多くの遊牧民を結合させる役割を果たした。大農耕社会の世界帝国に対抗できるような遊牧帝国の出現を可能にさせたのである。それは同時に大農耕地帯を脅かす強力な騎馬軍団の成立を意味していた。都市に莫《ばく》大《だい》な量の農作物と富を蓄積した大農耕地帯は、遊牧民にとってはまさに宝の山だったのである。馬にそのまま乗る騎馬の習慣は前一二世紀頃には出現し、長い歳月の中で技術として体系化され、洗練されていった。

(4)　犬などを訓練し、去勢羊などの群を管理する補助的協力者として利用する技術の開発。少ない人数で多数の偶蹄類を管理する遊牧には、人間の意志を群に伝達する方法、伝達を補佐する動物の育成が不可欠だった。遊牧社会のそうした特性は、大農耕社会のネットワークを手に入れた場合には、農耕民の群を管理するための協力者の獲得・育成、管理方法の開発というかたちで活用された。遊牧民は、組織としてのネットワークづくりの名手だったのである。

こうした四つの条件の外に、穀物を手に入れるための砂漠のなかの小さな農耕集落（オアシス農耕集落）との交易も欠かせなかった。遊牧社会は周囲を砂漠に囲まれ、必要な生活物資をなかなか入手できないオアシス農耕社会との共生関係により成り立っていたのである。そのために相互依存体系としてのネットワークづくりも社会基盤に組み込まれていた。つまり交易が遊牧社会を成り立たせるためには必要不可欠だったのである。都市とそれを維持するためのインフラとしてのネットワークの必要なかったことが、遊牧社会と大農耕社会との大きな違いであった。

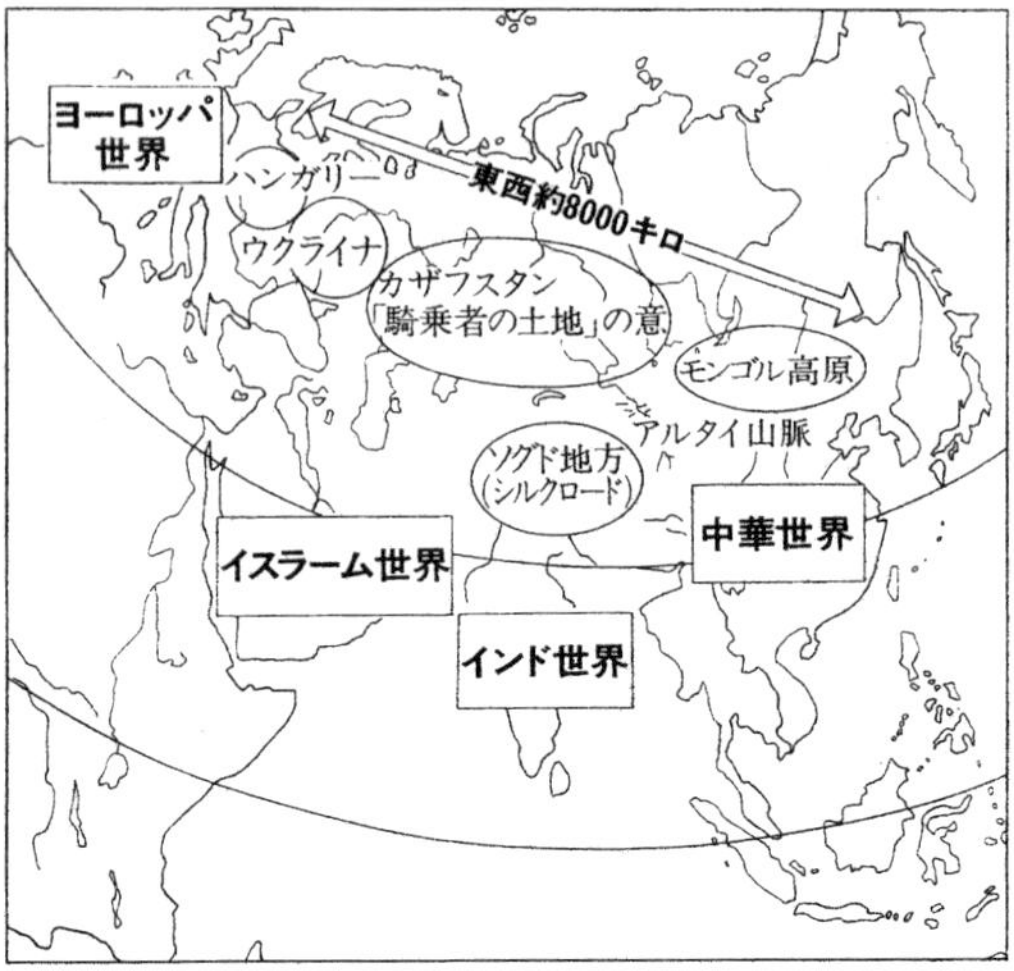

図6　東西に連なる広大な遊牧世界

騎馬技術体系の登場

前六世紀になると、黒海北岸のスキタイ人が、馬銜《はみ》、鞍《くら》、鐙《あぶみ》などの馬具を組み合わせた騎馬技術の体系を開発し、馬上で射るのに便利な短弓と三つの翼のある鏃《やじり》を使う戦法を編み出した。こうした馬の機動力は、大農耕社会との戦争で大きな威力を発揮することになった。馬は、一日に一〇〇キロ以上も走ることが可能だったので、ユーラシアに東西約八〇〇〇キロにわたって広がる大草原も僅かに四〇日で走破できる計算になる。農耕社会ではとても考えられないような、高速で動き、さらに変幻《へんげん》自在《じざい》に活用できるネットワークが大草原には存在したのである。

馬の機動力を生かした騎馬軍団の破壊力は、大農耕社会との間の戦争で大きな威力を発揮した。騎馬軍団による集団戦法は、遊牧民を機動力に富む強力な軍事集団に変身させ、南北の世界をつなぐ特定の出入り口を通じて大農耕社会を脅かすに至ったのである。その結果、約二〇〇〇年間騎馬遊牧民はユーラシアの歴史を揺るがし続けることになる。

スキタイ人が生み出した騎馬技術と短弓の戦法は、草原のネットワークに沿って東西に伝播《でんぱ》し、モンゴル高原に至る広い領域に達した。騎馬技術が広がったことは、彼らが考案した精巧な動物、闘争文様《もんよう》の装飾デザイン（スキタイ文様）が、ハンガリー平原、シベリア、モンゴル、中国北辺に伝播していることから確認できる。騎馬遊牧民が組織したパルティア（前二四八年頃～後二二六年）、クシャーナ朝（一世紀～三世紀）、匈奴《きょうど》などは大勢力となり、農耕社会に大きな打撃を与えた。

遊牧民の「国」

遊牧民が結び付けた草原（ステップ）の道は、「毛皮の道」、「黄金の道」、「絹馬交易の道」などといわれ、ユーラシアで最も古い時代から開けた相互依存体系のネットワークだった。穀物を生産せず人口扶養力が低かった遊牧社会は、交易により穀物を獲得しなければ社会を安定、循環させることができず、砂漠の中のオアシス農耕社会、さらにはコア地域の大農耕社会と交易することを切実に求めていた。遊牧民は広い地理的知識を持っていたのである。

組織としてのネットワークを中心に考えると遊牧社会は非常にシンプルであり、人的結合により維持される社会だった。草原に散居した遊牧民は部族ごとにまとまりを持っていたが、有力部族が周辺の部族を武力、あるいは話し合い（モンゴル語では集会を意味するクリルタイ）により統合し、王（単于《ぜんう》、ハーン）を中心に国を建てる場合もあった。人間集団を結合することにより草原地帯に成立した固有の国を、モンゴル人はウルス（部族連合、部族国家の意味）、中国人は行国《こうこく》と呼んだ。さすがに漢字の国だけあって、行国は言い得て妙である。

こうした国は、自立した部族集団を人的結合により結び付けるシステムであり、大農耕社会のシステムとはまったく異なっていた。しかし、その組織は人間関係に立脚していることから極めて不安定である反面、流動性に富んでいた。有力な指導者が失われると部族長がそれぞれ自立して国が崩壊し、草原に散居する多くの部族集団に分かれてしまったのである。草原地帯に忽然《こつぜん》と大帝国が生まれ、瞬《また》く間に消滅して歴史地図から姿を消したのはそのためである。

ネットワークの変容と世界史

世界帝国が形成された後、遊牧騎馬軍団と世界帝国の間で展開された大ネットワークを巡《めぐ》る戦いが人類社会を変動させ、地表を覆うネットワークも変容していく。世界帝国の形成以後の世界史を、都市の分布とネットワークの変化、人間圏の空間的拡大という視点から巨視的に眺めてみると、次の五段階に区分されることになる。

①コア（核）地域にネットワークが広がり、世界帝国が形成されてユーラシアに諸地域世界が分立した時期、②ユーラシア規模で大農耕地帯の広域ネットワークが複合され、ユーラシア規模の世界帝国が出現した時期、③大洋（オーシャン）にネットワークが拡大され海洋帝国が形成された時期、④資本主義経済システムの普及でヨーロッパを中心に地球規模でネットワークが統合された時期、⑤一九七〇年代以降のハイテク革命を背景にグローバリゼーションが進んでネットワークが再編され地球（グローバル）システムが形成されつつある時期、の五期である。

世界帝国、ユーラシア規模の複合された世界帝国、海洋帝国、資本主義世界システム、グローバル・システムの五つの概念が、世界史を空間的広がりで区分する際の基本概念になる。もっとも地球（グローバル）システムは現在試行錯誤のうちに形成されつつあり、不明確な部分が多い。上記の五期のそれぞれの特徴を、ネットワークの変化を軸に見てみると、次のようになる。

第一期、第二期には、諸地域世界、ユーラシア世界などにおける畜力・風力などの自然エネルギーを使った陸・海のネットワークが緩《ゆる》やかに結び付いて、ネットワークの空間的拡大、結び付き方の変化が世界史の推進力になった。

第三期には、ユーラシア規模の諸文明の交流を背景とする帆船《はんせん》の建造技術・航海法の改良、海の知識の蓄積を背景にして、地表の七割を占める大洋（オーシャン）に新たな大ネットワークが拓《ひら》かれ、大洋ネットワーク上を大規模に物資が行《ゆ》き交《か》った。

第四期には、人工的に作りだされた鉄道、蒸気船などの高速ネットワークが地球規模で人類社会に埋め込まれた。ネットワークの大変動により人類史は新たな段階に入ったが、高速ネットワークは、ヨーロッパが諸地域社会を従属的に統合するためのインフラの役割をも果たした。

第五期には、ハイテク革命を背景にして人工的交通・情報伝達のネットワークが超高速化・多重化し、瞬時に世界規模で情報が伝達されるようになった。新たな超高速ネットワークは人類社会にシステムの全面的転換を求め、地球規模で新たな秩序が模索されつつある。

ネットワークの変容は複雑で理解するのが難しいが、①道路、水路などのインフラ、②都市が地方を統合するための組織、③交易などの相互依存体系の三側面の複合と考え、各時期のネットワークの性格を分析してみると次のようになる。

第一期には、宗教、官僚システムを軸に組織としてのネットワークが整えられ、地理的にまとまりやすい広域（諸地域世界）、あるいは世界帝国ごとに独自のかたちで道路、水路などのインフラの体系が整えられた。再分配が帝国の基本的な性格であり、交易にはなんらかのかたちで規制が加えられた。

第二期には、交易の成長による相互依存関係のネットワークのユーラシア規模での活性化を背景にして陸のインフラがユーラシア規模で繋《つな》がりを強め（シルクロードなど）、南の縁海部でも諸海域世界をつなぐ海のネットワークが拡大し、航海技術と地理的知識が蓄積された時期である。特に大農耕社会のネットワークと密接な関係を持つに至った騎馬遊牧民がその軍事力により大ネットワークを支配した。彼らは家畜群を管理する技術を活かして巧みにユーラシア規模のネットワークの再編、統合を成し遂げた。

第三期には、不可視的な海路を維持・拡大するための新たな帆船、装備、航海技術、地理的知識の集積がなされて、大洋（オーシャン）を仲立ちとして諸大陸を結ぶ大ネットワークが形成される。交易による相互依存体系としてのネットワークと人的結合が重層的に組み合わされた組織としてのネットワークは、複雑に絡《から》み合いながら変革される。資本主義という経済システムの形成も、大西洋という大洋（オーシャン）を舞台とする交易ネットワークの成長を土台としている。

第四期には産業革命により都市が急激に膨張し、人工的なエネルギーによる高速で安定して動くインフラが地球上に張り巡らされた。民主主義という世俗的、抽象的理念により支えられる国民国家が組織としてのネットワークの枠組みになり、経済活動の広がりにより交易ネットワークが地球規模に拡大した。

そして、現在に直接つながる第五期は、自動車、ジェット機、高速鉄道、コンテナ船などの大型船舶による大量輸送、電話、ラジオ・テレビ、インターネットなどのネットワークが多重的に整えられ、地球規模の経済活動が世界銀行・世界企業という現代のリヴァイアサン（ホッブスが国家に擬《なぞら》えた巨大な怪物）を誕生させた。国民国家に代わり、地球規模の新たな秩序をつくりだすためのシステムが模索されつつある時代である。現在は、陸・海・空の高速交通・輸送体系、情報伝達体系からなる「インフラとしてのネットワーク」と大規模な経済活動が人類社会を変容させているが、市場原理によって動かされる市場は、弱肉強食のシステムであり、ポランニーが『大転換』で指摘したように人間と土地（つまり自然）の商品化を前提としている。二〇世紀を上回る地球規模の恐ろしい混乱が予測され、世界規模で労働環境を守り、自然の乱開発を抑止するシステムの必要性が自覚されつつある。

遊牧民の爆発とユーラシアの一体化

ユーラシアをつなぐ回廊地帯

ユーラシアの同緯度ネットワーク

アメリカの歴史学者、ジャレド・ダイアモンドが『銃・病原菌・鉄――一万三〇〇〇年にわたる人類史の謎』（倉骨彰訳）で述べているように、東西に一万二〇〇〇キロも広がるユーラシアは、気候、植生《しょくせい》、生態系が類似する帯状《おびじょう》の地域に分かれており、非常に理解しやすい。北から見てみると森林地帯、草原地帯、砂漠地帯、沖積平野《ちゅうせきへいや》が割拠《かっきょ》する地帯、の四地帯ということになる。そのうち、草原地帯と砂漠地帯はユーラシアの回廊《かいろう》地域で、草原の道、シルクロードというように東西に長大なネットワークが広がり、文化、文明の伝播《でんぱ》が積み重ねられてきた。異なる気候、植生、生態系を縦断するかたちで南北に伸びるアフリカやアメリカと、同質地域が東西に連なるユーラシアでは地理的条件が大きく異なっているのである。

ユーラシアでは砂漠が連なる北回帰線《きたかいきせん》を基準にして、その北の遊牧社会、その南の大農業社会というように異種社会が向き合っており、東西の同質ネットワークとそれぞれのネットワークを南北につなぐサブ・ネットワークが形成されていた。

世界帝国に視点を据《す》えて考えてみると、西アジア、東アジアの大河川の流域に成長した世界帝国は、北の方向においてオアシス農耕社会、遊牧社会という異種社会につながり、南で海洋世界のネットワークに接するという同質の構造を備えていた。馬を巧みに乗りこなす騎馬民族は北から諸世界帝国を圧迫すると同時に、草原という巨大な回廊地帯を利用して相互の文明の交流を媒介し、帆船《はんせん》を操る海洋民は多くの海域をリンクさせて世界帝国間の大量の物資の往来を仲介した。西アジアと東アジアの二地域に形成された世界帝国を両輪として、ユーラシア規模の世界帝国が形成される際に、陸と海の回廊地帯が重要な役割を果たしたのである。東西に伸びる回廊地帯の長大なネットワークの存在こそが、ユーラシア規模の複合された世界帝国を育《はぐく》む自然条件だったのである。

コア（核）地域で都市が拡大し巨大な消費を背景とする交易が活性化すると、畑では作れない奢侈品《しゃしひん》など多様な物産に対する需要が強まり、交易は広域化の一途をたどった。世界帝国のネットワークは稀少性《きしょうせい》を持つ物産を求めて、帝国の辺境部から大草原、砂漠、山岳、荒れ地、海洋などへと伸びていく。他方で食料や工芸品に恵まれない周辺地域からも世界帝国に向けてのアプローチがあり、ネットワークは世界帝国と周辺諸地域の双方向からつながっていったのである。

しかし、ユーラシア中央部の乾燥地帯でネットワークを拡大し維持したのは、遊牧民、砂漠地帯のオアシス農耕民であり、その北の森林地帯は狩猟民の、南の沿海地域は海洋民の活動の場であった。世界帝国のネットワークをつなげる重要な役割は特別な能力と知識を持った彼らに委《ゆだ》ねられ、担われたのである。

遊牧民の爆発の時代

四、五世紀頃から一三、四世紀にかけて世界史は、乾きをものともしない商人の活動や性能の優れた短弓《たんきゅう》で武装した遊牧騎馬軍団の活躍により、ユーラシア諸地域のネットワークが一体化する時期に入る。

世界帝国は、一日に一〇〇キロ以上の距離を自由自在に疾駆《しっく》できる強力な騎馬軍団に手を焼いた。製作費用が嵩《かさ》む

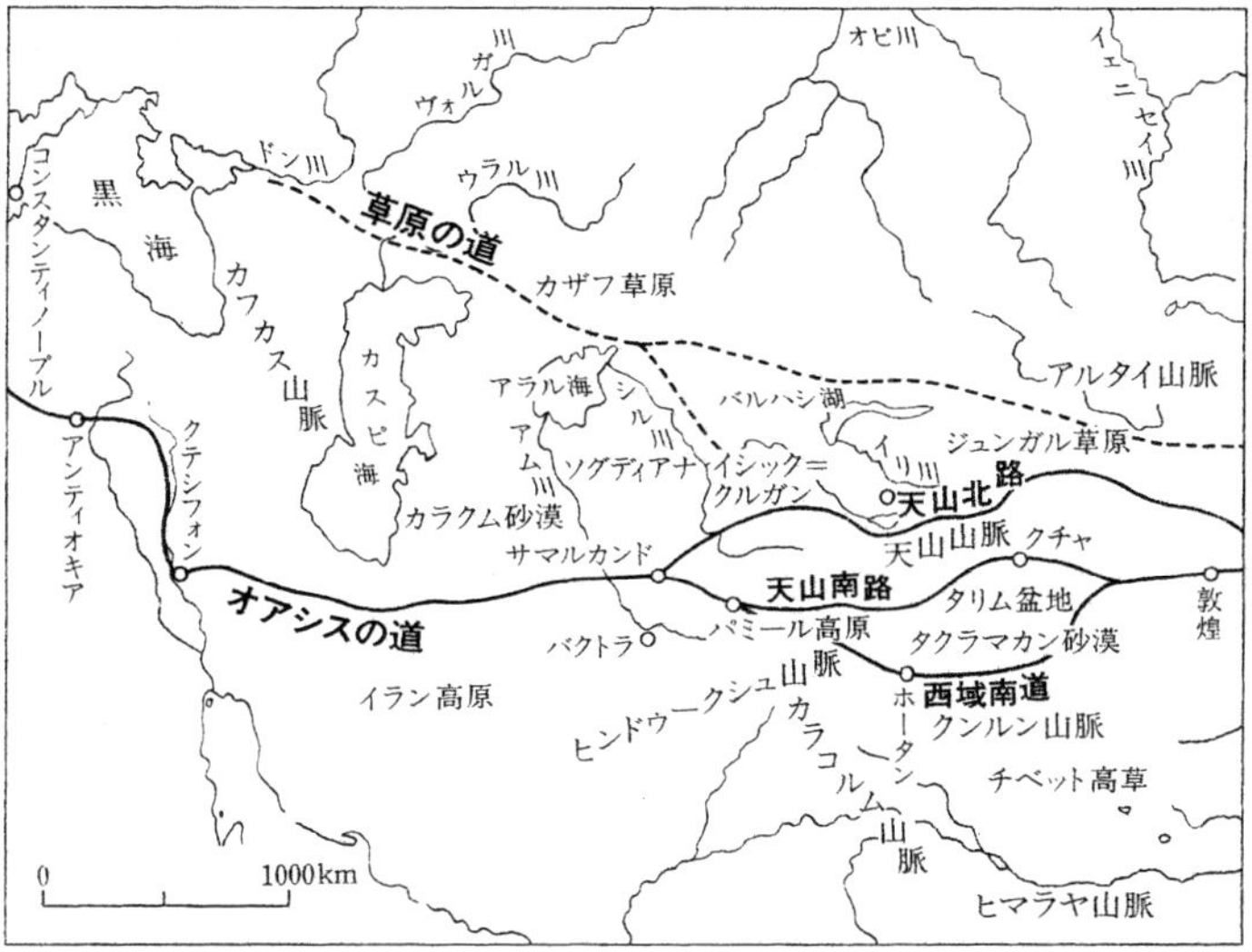

図7　中央アジアの交通路

世界帝国の戦車は遊牧騎馬軍団にスピード面で劣り、動きの遅い歩兵《ほへい》軍団では、機動性に富む遊牧騎馬軍団には太《た》刀《ち》打《う》ちできなかった。しかも、都市や畑を中心とする土地の占拠を目的とする農耕社会の戦争とは異なり、遊牧民が求めたのは財宝、人間、家畜、穀物であり、防御戦は必要なかった。彼らは効率のよい費用のかからない戦争を行ったのである。

　戦争に勝利すると、遊牧民は農耕社会のネットワークを巧みに支配し、持続的に富を確保した。農耕民を羊群と同様に見なし、利用しやすい協力者を育てながら群れとして管理したのである。

イギリスの歴史家トインビーは、ユーラシアの草原からの遊牧民の進出を「爆発」と表現したが、遊牧民が世界帝国の衰退を知るようになった四世紀以降活発な進出が断続的になされた。四世紀から一四世紀の時期は、遊牧民の軍事力が世界帝国を圧倒した時代、あるいは遊牧民の爆発の時代ということになる。見方を変えれば、遊牧民が大ネットワークを支配しユーラシアが一体化していった時期である。

この時期をさらに細かく区分してみると、①モンゴル系、トルコ系の遊牧民が北から南へのルートをたどって世界帝国に侵入し、都市とネットワークの一部を支配した時期、②ラクダを遊牧するアラブ遊牧民の手でイスラーム帝国が樹立され、イスラーム商人によりユーラシア規模で商業ネットワークが統合された時期、③トルコ人がイスラーム帝国を実質的に征服し、ユーラシア西部のネットワーク支配に大きな変動をもたらした時期、④モンゴル帝国が東西の世界帝国を複合し、ユーラシア規模の世界帝国が形成された時期、の四期に分けられる。

遊牧民の爆発の時期は全体として一〇〇〇年に及んだが、草原という大回廊地帯から世界帝国に進出する際の入口は特定されていた。つまり、①西のアラル海に注ぐイル川、アム川に囲まれた西トルキスタン、②東の万里の長城南縁の大同、北京地方、の二つである。それに対して、遊牧民の侵攻に耐えて世界帝国の伝統を守った中核地域は、ユーラシアの西から①コンスタンティノープルを中心とするアナトリア、東地中海、②ペルシア人の反アラブ運動の中心となったイラン高原東北部のホラーサン地方（アム川以南、ヒンドクシュ山脈以北の地域）、③長江中・下流域の江南《こうなん》、である。

世界帝国の大ネットワークを乗っ取った遊牧民は、イスラーム帝国が軍事都市群と新帝都バグダード、モンゴル帝国が元《げん》帝国の大都《たいと》（現在の北京《ペキン》）とイル・ハン国のタブリーズ（イラン北西部）という二つの新たなネットワーク・センターにより、それぞれ巨大なネットワークの再編と複合をめざした。ユーラシア規模に広がったネットワークを支配するには、それなりの機能を備えたセンターの建設と、道路、水路などのインフラとしてのネットワークの再編が必要だったのである。

遊牧民の爆発は、四世紀から六世紀にかけてユーラシア各地で見られた。東アジア世界では中華帝国に胡騎《こき》として利用されていた五胡《ごこ》が黄河《こうが》の中流域を占拠して多数の国を建てた五胡十六国時代《ごこじゅうろっこく》（三〇四〜四三九年）である。この時期、黄河流域から江南、あるいは朝鮮半島から日本列島への大規模な難民の移住が行われ、他方で仏教などの西方の異文化が大規模に流入して、東アジア世界は大きく姿を変えた。

西アジア世界と南アジア世界には、五世紀から六世紀にかけて西トルキスタンからイラン系遊牧民エフタル（フーナ、白いフン）の大規模な侵入がなされ、南アジア世界ではグプタ帝国が滅ぼされて古代帝国の時代は終わり、城砦《じょうさい》都市を中心に多数の国が分立する戦国時代に入った。西アジア世界でも西北部のネットワークを奪われたササン朝が危機的状況に陥ったが、ホスロー一世の下でなんとか態勢を立て直した。

地中海世界では、フン族の黒海北岸への侵入を契機に、三七五年以降ゲルマン民族の大移動が起こされ、ローマ帝国の西半部がゲルマン社会に変容を遂げた。

遊牧民の侵入がユーラシアの大ネットワークを揺るがし、諸地域世界の変容を促したのである。

世界史はイスラーム・ネットワークから始まる

「不毛の地」からの大変動

遊牧民の爆発の第二期は、アラビア半島の広大な砂漠の周辺でラクダの遊牧に従事していたアラブ遊牧民により担われた。七、八世紀のイスラーム教徒のアラビア半島からの北上は、地中海と西アジアに対峙《たいじ》してきたビザンツ帝国とササン朝の二大帝国対立時代に代わるイスラーム帝国（六三二～一二五八年）の時代を現出させた。ササン朝は倒壊し、エジプト、シリアという主要な地域を喪失したビザンツ帝国は、からくも余命を保つのみとなった。

その後八世紀後半になると、アッバース帝国を中心とするユーラシア規模の陸、海の大交易ネットワークの複合が進められた。世界史は、イスラーム商人の活躍によりユーラシア・ネットワークの一体化というまったく新しい段階に到達することになる。

七世紀にアラビア半島から始まったアラブ民族の移動（大征服運動）は、極めて大きな意味をもった。ローマ帝国（ビザンツ帝国）とペルシア帝国がネットワーク支配をめぐって攻めぎあう状況が終わり、ペルシア帝国とローマ帝国の南半部のネットワークがアラブ人の軍事力とイスラーム教信仰にもとづく帝国として再編されたのである。アラブ史家ヒッティの「アラビア人という呼称には世界征服者という栄光が輝いている。アラビア民族は、興隆してから一世紀もたたないうちに、大西洋の岸から中国の辺境にまで拡がる一帝国、絶頂期のローマ帝国をも凌《しの》ぐほどの帝国の支配者となった」（岩永博訳『アラブの歴史』）という記述は決して誇張ではない。

征服が一段落ついた八世紀中頃以降になると、巨大な都市群と活発なネットワークを有するイスラーム帝国のユーラシア規模の商業活動が活性化し、海の道、草原の道、オアシスの道（シルクロード）、ロシアの川の道、地中海、サハラ砂漠縦断ルートなどが大交易ネットワークの中に組み込まれた。イスラーム帝国の帝都、結節点《けっせつてん》や分岐点《ぶんきてん》に位置する交通都市、地方都市をつなぐネットワークが境界部の周縁都市から帝国外部のネットワークにつながり、ユーラシアの諸ネットワークが構造化されて、イスラーム帝国のネットワークを核にして連動するようになったのである。

アッバース帝国は、アフロユーラシア規模の交易ネットワークを付随させる特異な商業帝国であった。イスラーム帝国は、広域のネットワークを連動させた点で、従来の世界帝国と区別されなければならない。

ウンマの膨張

イスラーム教成立の背景になったのが、ビザンツ帝国とササン朝の長期に及ぶ戦闘であった。戦闘地域を避けるバイパスがアラビア半島南部のイエーメン地方からアラビア半島西岸のヒジャーズ地方に伸び、そのネットワークの核となる都市が成長することになった。当時のアラビア半島では多神教信仰がなされ、黒い隕《いん》石《せき》を祀るカーバ神殿を有するメッカは多神教信仰の聖地として、ヒジャーズ地方の交易センターとして、六世紀以降発展を続けた。

メッカの商人ムハンマド（五七〇?—六三二）は六一〇年頃、キリスト教やユダヤ教の一神教の観念を受け入れアッラーを唯一神《ゆいいっしん》とするイスラーム教を創始する。彼は自らを、神の啓示《けいじ》を告げる預言者《よげんしゃ》、神の使徒と称したが、クライシュ族に属する名門十家族により支配されていたメッカでは信徒になる者は一向に増えず、ムハンマドは伝統的宗教を否定する者として迫害を受けるに至った。

そのために、六二二年にムハンマドは七十余名の信徒とともに約四〇〇キロ離れたヤスリブ（後に「預言者の町」の意味でメディナと称される）に移住し、教団の再編を図った。それを、ヒジュラという。ヒジュラは、単に居場所を変えることを意味するだけではなく、古い人間関係を断ち切って、新たな人間関係の中に身を移すことをも意味している。

ムハンマドは、メディナで旧い信徒を中核にして多数の住民をイスラーム教団（ウンマと呼ばれる）に結集させ、周辺のアラブ遊牧民をも従属させて一大勢力を組織した。イスラーム教徒は、イスラーム帝国も現在のイスラーム圏も、ウンマが膨張したものと見なしている。その意味でメディナにウンマが形成されたことは、イスラーム世界の基盤を築く契機となる出来事だった。そこで、後にヒジュラが行われた六二二年の七月二六日を起点とするイスラーム暦（ヒジュラ暦）が作られることになる。

ムハンマドは、六三〇年に一万人の軍を率いてメッカを無血占領し、カーバ神殿をイスラーム教信仰の拠点に変えた。ムハンマドは、翌年にアラビア半島を統一したものの、六三二年に急に病没してしまう。

ムハンマドの死後、ウンマは後継者（カリフ）としてアブー・バクル（在位六三二―六三四）を選んだ。彼は二年間の在位中に教団内部の紛争を解決すると、北方の大勢力であるササン朝（ペルシア帝国）とビザンツ帝国に対してジハード（聖戦）を開始した。アブー・バクルが派遣した三万人のアラブ軍は、ヨルダン川支流のイェムック川の流域で戦われたビザンツ軍との戦いに大勝し、アラブ人北上の土台を築いた。

その後、二代目カリフとなったウマル（在位六三四―六四四）はシリア、パレスチナ、エジプトをビザンツ帝国から奪い、六四二年のニハーヴァンドの戦いでササン朝に壊滅的な打撃を与えた。同朝は六五一年に滅亡している。

大征服運動は、不毛の砂漠と一瘤《ひとこぶ》ラクダを巧みに利用してなされた。戦局が不利になると、アラブ人は砂漠に逃げ込んだのである。アラブ人の征服活動は軍事都市（ミスル、旧来の都市の一部分が軍人居住区として利用される場合もあったし、新たに建設される場合もあった）を拠点にしてなされた。軍事都市であるイラクのクーファ、バスラ、シリアのダマスクス、ヒムス（エメサ）、エジプトのフスタート（後のカイロ）、チュニジアのカイラワーンなどは、いずれも砂漠の縁辺部に位置している。アラブ史家のB・ルイスは砂漠を海に軍事都市を港市になぞらえているが、そのように考えるとアラブ人は砂漠からの出口に多くの港市のような都市を設け、そこから大農耕地帯のネットワークを支配したことになる。

征服が成功するとアラブ人は軍事都市を州都とし、征服した周辺地域を州として支配した。イスラーム帝国の統治は、在来の各地の統治システムを利用してジズヤ（人頭税）、ハラージュ（土地税）などの税を徴収することに主眼がおかれたため、帝国は多数の伝統的なシステムがモザイク状に結合されるかたちで作りあげられることになった。

アラブ史家ヒッティは、七世紀に行われた最初の遠征の際には約五万人、ウマイヤ朝（六六一～七五〇年）期の遠征には約一〇万人のアラブ人が参加したのではないかと推測しているが、そのうちの大部分が軍事都市に居住するようになり、既存のネットワークの支配者になった。アラブ人は、政府から年金（アター）を授与され、免税特権を認められるなどして、帝国内の特権層を構成した。

イスラーム帝国は、最初アラブ人が他民族を支配するアラブ人の帝国だったが、帝国内の諸民族がイスラーム化するなかで、イスラーム教徒の平等を唱える『コーラン』の主張とアラブ人の特権的地位の間に矛盾が生じ、多民族が集まり住む都市の治安が悪化した。

都市のマワーリー（非アラブ系イスラーム教改宗者）の蜂起、イラン東北部ホラーサン地方におけるシーア派の蜂起を利用してウマイヤ朝を倒したアッバース家は、支配の中心をシリアからイラクに移して、アッバース帝国を樹立した。

アッバース帝国（七五一〜一二五八年）は、ペルシア人と提携することでシステムの安定を図り、従来のアラブ人の特権を廃して、イスラーム教徒が平等に扱われるイスラーム帝国を樹立した。それを指してアッバース革命という。大ネットワークが、ユーラシア規模で作動することになる。

九世紀後半以降、シーア派、ペルシア人の反政府活動によりアラブ人の優位は動揺し、九四六年にシーア派のブワイフ朝（九三二〜一〇五五年）がバグダードを占領して事実上アッバース帝国を支配するようになった。各地に軍事政権が樹立され、政治システムは事実上分裂の状態に陥ったのである。しかし、イスラーム帝国の交易・宗教ネットワークは健在であり、戦乱の中でもイスラーム世界としての一体化は維持された。

ユーラシアの中心バグダード

アッバース帝国では都市ネットワークの経済的性格が強まり、ユーラシア規模の交易が進んだ。各都市に市場（スーク、バザール）が設けられて商業、手工業が発達し手形決済《てがたけっさい》、共同出資も盛んに行われてネットワークの結び付きが強化された。相互依存体系のネットワークをユーラシア規模で展開する経済的駆動力が帝国内部に整えられていったのである。

アッバース帝国の大ネットワークのセンターになったのが、第二代カリフのマンスール（在位七五四―七七五）により七六二年以降一〇万人余の労働者を動員して建設され、七六六年にティグリス川左岸に完成をみた新首都、バグダードだった。バグダードはペルシア語で神の都の意味であり、アラビア語では、平和の都（メディナ・アッサラーム）と称された。新首都が、アラビア語、ペルシア語の二つの呼称を持ったことは、この帝国がアラブ人とペルシア人の融和の上に成り立っていたことを意味している。中国の歴史書にバグダードは円城と記されている。

大ネットワークのセンターであるバグダードには城壁を四等分する位置に帝国の主要地域を通り、境域へとつながる幹線道路の起点となる四つの城門が設けられていた。帝国内

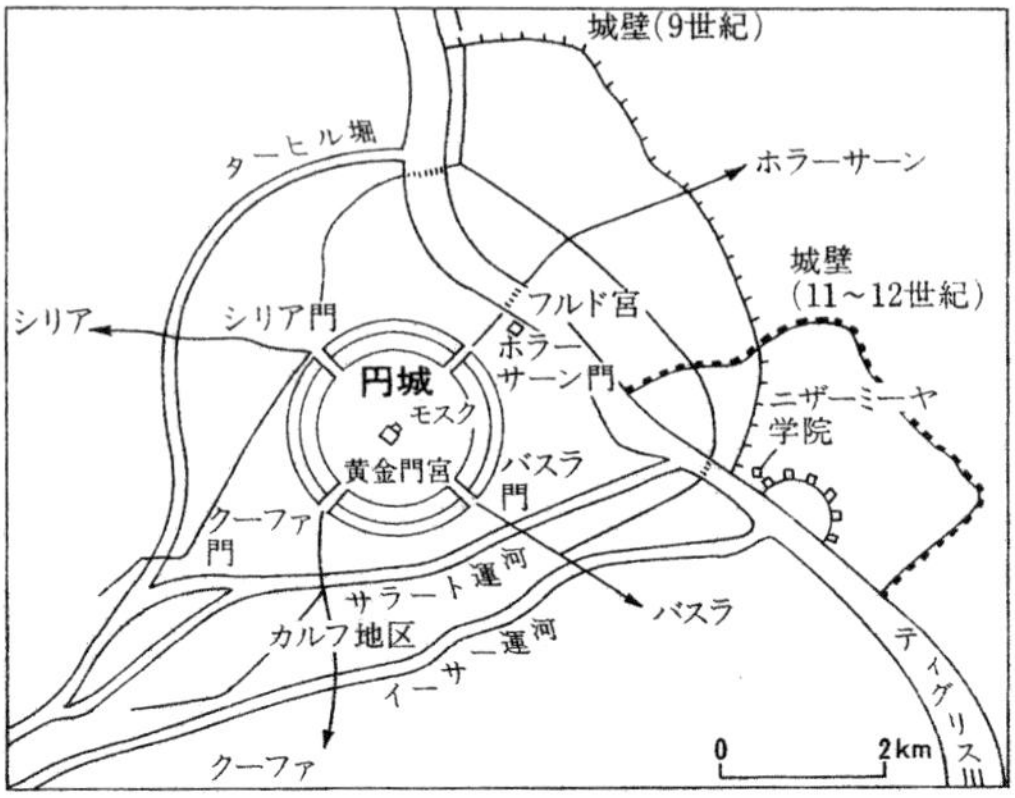

図8　イスラーム・ネットワークのセンター　バグダード

の道路・水路は、境域都市や港市を起点に帝国外部のユーラシア各地につながっていたのである。東南のバスラ門は、ユーフラテス川河口の港バスラを経由して海のネットワークにつながっていた。東北のホーラサン門は、帝国最大の銀産地ホーラサンを経由してマーワラー・アン・ナフル（川向こうの地の意味。アム・ダリアとシル・ダリアに囲まれた現在の西トルキスタンの地域）、シルクロードにつながり、西南のクーファ門は、メッカ巡礼の基地であるクーファを経てアラビア半島につながり、西北のシリア門は、シリアのダマスカスからエジプト、マグリブ（北アフリカ）、アンダルス（スペイン南西部）の諸地方につながっていた。

バグダードと地方都市をつなぐ道路網は、古代オリエント以来の長い伝統を持つネットワークを引き継いでおり、豊かな歴史を持っていた。アケネメス帝国以来の駅《えき》伝《でん》制《せい》を踏まえたアッバース帝国のバリード制（駅逓制《えきていせい》）は、バグダードを造営したマンスールにより帝国統治の動脈、バグダードの生命維持装置としてその基盤が整備された。バリード制では、カリフの勅任官である長官が全国の道路網を統括する駅逓庁（ディーワーン・アルバリード）と各地の州都に設けられた郵逓局《ゆうていきょく》が要《かなめ》になり、数百に及ぶ道路網が管理された。駅逓局は道路に沿って、東部地域では約一二キロ間隔、西部地域では約二四キロ間隔で宿駅を設け、ラクダ、馬、ラバなどを配備し、公文書の伝達、地方の官吏の動静、穀物価格の変動、民情などの地方情報の報告を行なった。緊急の場合には伝書鳩《でんしょばと》が用いられたという。各地の駅逓長は駅伝と情報の主務者と呼ばれて、ネットワークの維持と地方の情報収集が委ねられ、大きな権限が認められていた。

九世紀中頃にアルジバル（古代のメディア）の駅逓長を務めたことがあるイブン・フルダーズベが著した『諸道路と諸国の書』は、アッバース帝国に九三〇の宿駅が設けられ、馬などの購入費、飼料代、人件費として年に一五万九一〇〇ディナールが費やされたと述べている。その結果、「カリフは魔法の鏡を持っている」といわれるほどの豊富で正確な情報がバグダードに集中したのである。

最盛時の第五代カリフ、ハールーン・アッラシード（在位七八六―八〇九）の時期にはバグダードの人口は一五〇万人を超え、市内には六万の礼拝所、三万近くの公衆浴場（八ンマーム）があったといわれ、ユーラシア最大の都市となった。『アラビアン・ナイト』は、「ハールーン・アッラシードの御名と光栄とが、中央アジアの丘々から北欧の森の奥まで、またマグレブ（北アフリカ）およびアンダルシア（イベリア半島）からシナおよび韃《だっ》靼《たん》の辺境まで鳴りわたった」と述べているが、それもあながち誇張とは言えなかった。

商業帝国という特異性

農業に依存する大帝国では商人の社会的地位が低かったが、アッバース帝国の場合は都市と都市を結び付ける商人の活動が、諸地域ネットワークの複合の上に成り立つ帝国システムの維持に不可欠であり、商人の社会的地位が高かった。

マーシャル・ホジソンは、「イスラームの高度文明は、……最も都市化した農耕文化よりも、その都市性においていっそう都市的である。イスラーム文化はまた文化的な合法性を独占する都市の人民主義により強く規定されていた」と、イスラーム文化の高度な都市性を指摘しているが、それはそのままアッバース帝国にあてはまった。

アッバース帝国は、イスラーム教、イスラーム法を紐帯《ちゅうたい》として成り立つ商業帝国だった。イスラーム教は、基本的にメッカの商人層の価値意識を色濃く投影した都市の宗教だった。『コーラン』の改悛《かいしゅん》の章の九八条には、「無信仰と偽善にかけてはベドウィンたち（アラビア砂漠の遊牧部族）の方が一段と頑強《がんきょう》だし、またアッラーが使徒（マホメット）に啓示し給うた（宗教上の）掟《おきて》のわかりも当然一段と悪い」と記されており、イスラーム教が遊牧民の宗教でないことは、明らかである。商人の活動を支えるイデオロギーだったのである。

アッバース帝国の時期になると、軍事都市の経済都市への転換、道路網の整備、都市人口の増加、手工業の発達、ネットワークの帝国周辺諸地域への拡大、農業以外の租税制度の不備、共通言語としてのアラビア語の普及、イスラーム法による秩序の確立、などの諸条件が重なって商業活動が活発化した。アッバース帝国では、通行税、市場税などは不当な課税と見なされており、商人は低額の税をザカート（救貧税）、ハラージュ（地租）などの名目で負担したほかは、州の境界、渡河《とか》地点、峠、港市、帝国の境域に設置された関所で税を支払いさえすれば、比較的自由に広域の移動を行うことができたということも、以前には見られなかったような商業帝国を出現させる大きな理由になった。

アッバース帝国のネットワークの特色は、帝都と地方の大都市が活発な経済活動で相互に結び付けられていたことにある。各地方には、地方の中心都市があり、そのなかには少なからぬ大都市も存在していた。イラク、シリア、エジプト、マー・ワラー・アンナフル、アンダルスなど固有の歴史を有する諸地方の都市ネットワークは、それぞれがまとまりのある地域的構造をもっており、それらが相互に組み合わされ帝国全体のユニットを作りあげていたのである。

帝国ネットワークの結節点、分岐点などの交通の要衝《ようしょう》には交通都市が築かれ、帝都と地方都市、あるいは境域都市を結び付けていた。境域都市は帝国の周縁部に位置していたが、周辺のネットワークとつながる交易都市であった。それらの都市には、海上交易の中心になる港市、内陸部の草原、砂漠のオアシスへとつながる伝統的な交易都市があった。帝国領域内のインダス川流域からモロッコに至る距離は、長安とバグダードを結ぶ距離よりも長く、帝国それ自体が多様性を有する一つの世界であった。商人にとり、帝国の内と外を分ける障壁《しょうへき》はなかったのである。帝国内に分散する巨大な都市群を中心に、アフロユーラシアに散在する都市のネットワークと多様な結び付きを保ち、商人の恒常的活動によりそれらのネットワークが緩やかな構造を持って連動したところにアッバース・ネットワークの特色があった。大都市の市場（スーク）と市場を結ぶ物資の移動、大都市と地方都市を結ぶ物資の移動、地方都市と周辺の農村を結ぶ物資の移動が恒常化するなかでネットワークは重層的構造をもつに至り、九世紀にはいると一つの経済複合体ともいうべき緊密な結び付きを有するに至ったのである。

嶋田襄平氏は、こうしたアッバース帝国の大交易システムについて、「ウマイヤ朝がイベリア半島から中央アジアにまたがる大帝国を建設したことにより、この広大な地域の端から端まで自由な商品の流通が可能となった。もちろんアラブ帝国の建設以前にも、ビザンツとペルシアのあいだで平和な交易が行われていたが、その商品は特権階級の消費に供せられる奢侈品《しゃしひん》によって占められていた。しかしアラブが両国の国境を取り除いたことにより、大衆消費を目的とした商品、とくに穀物と繊維製品とが帝国の任意の地から任意の地まで、需要と供給との法則に従って自由に運ばれることが可能となった。そしてそれは、イラクとペルシア各地とを緊密に結びつけたアッバース朝時代に一層の拍車がかけられ、貨幣流通量の増大とあいまって九世紀のはじめから、この広大な地域は一つの共同市場を形成した」（嶋田襄平『イスラムの国家と社会』）と記している。

船乗りシンドバッドの海

八世紀後半になると、ペルシア湾を中心にユーラシアの南縁部に広がる海域が連続する航路により結び付けられ、各海域のネットワークが一体化した。アジアの大航海時代が始まったのである。高いマストと巨大な三角帆《さんかくほ》に特色をもち、板をココヤシの繊維で縫い合わせ隙間《すきま》にタール、繊維などを詰め込んだ外洋船ダウが、ペルシア湾と東アフリカ海域、ペルシア湾とインド、東南アジア、中国沿海部の広大な海域を往来した。東アフリカ沿海部からは象牙《ぞうげ》、金などの他にザンジといわれる黒人奴隷が大量にイスラーム世界にもたらされ、片道一年、往復二年の行程でペルシア湾のバスラ、シーラフなどの港から中国の広州にダウが直航する航路が拓《ひら》かれ、定

図9　インド洋にネットワークを拓いたダウ船

期化されたのである。『千夜一夜物語』に収められた「船乗りシンドバッドの冒険《ぼうけん》譚《たん》」は、アッバース朝の下で活発に行われたダウ船によるインド洋交易の反映だった。シンドバッドは七回の冒険的航海を行って大資産家になるが、最後の二回の航海の目的地はセイロン島である。

　インド洋交易の蓄積を前提条件とし、①バクダードの莫大《ばくだい》な購買力、②軍事都市を中心とするネットワークの交易ネットワークへの転化、③アッバース革命の結果、ムスリムである諸民族が対等に扱われズィンミー（イスラーム教徒の庇護民《ひごみん》）の交易活動が活性化したこと、④ウイグル、吐蕃《とばん》などの民族が進出してシルクロード交易に行き詰まりが生じたこと、などがペルシア湾を中心とする海上交易を活性化させた。中国のカンフー（広府、広州）への航海が恒常化したのである。外洋航海が活発化するに従いダウという外洋船も大型化し、なかには四〇〇人から五〇〇人が搭乗《とうじょう》するものも現れた。

九世紀後半に、一五代カリフ、ムータミド（在位八七〇―八九二）に仕えたアル・ジバル（古代のメディア）の郵逓《ゆうてい》駅長であり、地理学者であったイブン・フルダーズベは、『諸道路と諸国の書』の中で地中海のラダーニト・ユダヤ人のイスラーム・ネットワーク内での活躍を次のように述べており、イスラーム・ネットワークの広がりが具体的に理解できる。

ラーダニト・ユダヤ人は、アラビア語、ペルシア語、ローマ語、フランス語、イスパニア語、スラヴ語を話す。彼等は東から西へ、西から東へと世界を旅をする。ユダヤ商人はフランク族の住まう国から船を出して、（エジプトの）ファラマーへ向けて航海する。ファラマーで商品を駱駝《らくだ》の背に乗せ、陸路をクルムズ（アカバ湾に面した港）へと向かう。そこから彼等は東方の諸海を越えてメディナ、メッカへ通ずる諸海港へ、シンド（インダス川流域）、ヒンド（インド）、シナに至る。彼等のうちの或《あ》る者は、コンスタンティノープルへ赴いてローマ人に商品を売り、他の者は、フランク王の住む場所を訪れて商品を売り捌《さば》く。時としてユダヤ商人は、フランク族の住む地方から船出して、西方の海を横切って（シリアの）アンティオキアに至り、そこからバグダードを経てオマーン、シンド、ヒンド、シナへと赴く。これらの旅は陸路も可能である。イスパニアから来る商人はモロッコに至り、そこからアフリカに赴き、エジプトを横切り、（シリアの）ダマスクスを経て、（ペルシアの）ファールス、キルマーン、シンド、シナへと至る。時として彼等は、ローマの背後を迂回《うかい》し、スラヴ族の住む地方を旅して（カスピ海北方の）ハザール族の首都に至り、そしてカスピ海を横切って（アム川流域の）バルフに至り、そこから陸路をとってトランスオクサニア（西トルキスタン）を経てシナへと赴く。（中国語訳された同書からの翻訳）

こうした大ネットワークの中で特に大切なのは、イスラーム世界、インド世界、東南アジア、中国世界を結ぶ海の大動脈の成長であった。

『諸道路と諸国の書』にもとづいてさらに、イスラーム・ネットワークのなかでも特筆すべきペルシア湾と中国を結ぶ海のネットワークをたどってみると概略以下のようになる。フルダーズベは、バスラを起点にしてインド洋の諸航路について説き始める。バスラは、ティグリス川とイーサー運河が交差する地点に位置するバグダードの商業地区と平底の川船でつながる拠点で、バグダードの外港ともいうべき位置を占めていた。同港を出た後、船はペルシア湾に出る。ペルシア湾については、そのおおよその広さと深さが述べられ、アラビア半島側のバーレーンから沿岸沿いにオマーンを経て紅海の入口のアデン港に至る西岸航路がまず記される。

イブン・フルダーズベは「アデンは、最大の港の一つである。そこでは農耕や牧畜はなされてないが、竜涎香《りゅうぜんこう》、沈香《じんこう》、麝香《じゃこう》やシンド・インド・中国・ザンジ（東アフリカのザンジバル一帯）・アビシニア・ペルシア・バスラ・ジッダ・クルズムなどの物産を入手できる」と、アデンが国際的貿易港であったことを記している。さらに、アデンの東方に良質の「竜涎香を産する大海」があり、その海がザンジ（アフリカ東岸）、アビシニア（エチオピア）、ペルシアに通じていると述べている。

インド・中国をめざす東岸航路については、バスラを出た後、ペルシア湾口のホルムズ島に至ると説き始める。ホルムズから沿岸を航行して七日の行程でペルシアとシンドの境界に至り、さらに八日でミフラーン川（インダス川）の河口に到着する。

その後、四日の航海でインド最初の港に至るとする。それ以後はインドの諸港、諸地方についての簡単な記述と航路の記述がなされる。フルダーズベの描く航路は、インド西岸マラバール地方を沿岸沿いに南下して約五日で胡椒《こしょう》の主産地ムーラに至り、さらにムーラから二日の行程でインド最南端のブリーン（クイロン）に至る。ブリーンからは、フルダーズベは、ベンガル湾沿いにインド東岸を北上してベンガル地方に至る航路にも言及している。

ブリーンから東に一日の距離にインド洋交易の東の中心サランディブ（セイロン島）がある。八〇ファラング（一ファラングは約六・二四キロ）平方もある巨大な島であるとして、イブン・フルダーズベはセイロン島について詳しく述べている。曰く。この島には、人間の祖先であるアダムが降臨したという伝説を有する高い山がある。この山は高く聳《そび》えているので、数日間にわたって船の上から目にすることができる。インドのバラモンは、この山の上にアダムの巨大な足跡があると伝えている。この山からは多様の宝石が、谷からはダイヤモンドが産出される。また、山では沈香、胡椒、香脂《こうし》、香料、麝香《じゃこう》、麝香猫《じゃこうねこ》が得られる。サランディブでは椰子《やし》が産出されるが、その中の一種は宝石の研磨に用いられる。また諸河川では水晶石が、周辺の海域からは真珠《しんじゅ》が得られる。サランディブを過ぎると、巨大な樟脳樹《しょうのうじゅ》があるザーバジュ（スマトラ島）がある。

スマトラ島の王は、マハラージャ（諸王の王）と称し、マラッカ海峡を支配するその王は毎日二〇〇マナ《マナ》（一マナ《マナ》は二ポンド《ポンド》）の金を税として徴収する。王はパレンバンを拠点にマラッカ海峡を制していたのである。王は、その金で牛乳を購入して水中に注ぎ、水こそ自らの収入源であると称したという。シュリヴィジャヤ（三仏斉《さんぶつせい》）のことである。

中国に向かう船は、ブーリンからセイロン島の左側を通過して、一〇日ないし一五日程でニコバル諸島に至り、六日間くらい東方に航海するとマラッカ海峡の入口のカラ島に至る。カラ島の左前方へ二日航海するとバールース島（現在のカリマンタン島）に至り、この島からジャーバ（ジャワ島）島に向かう。

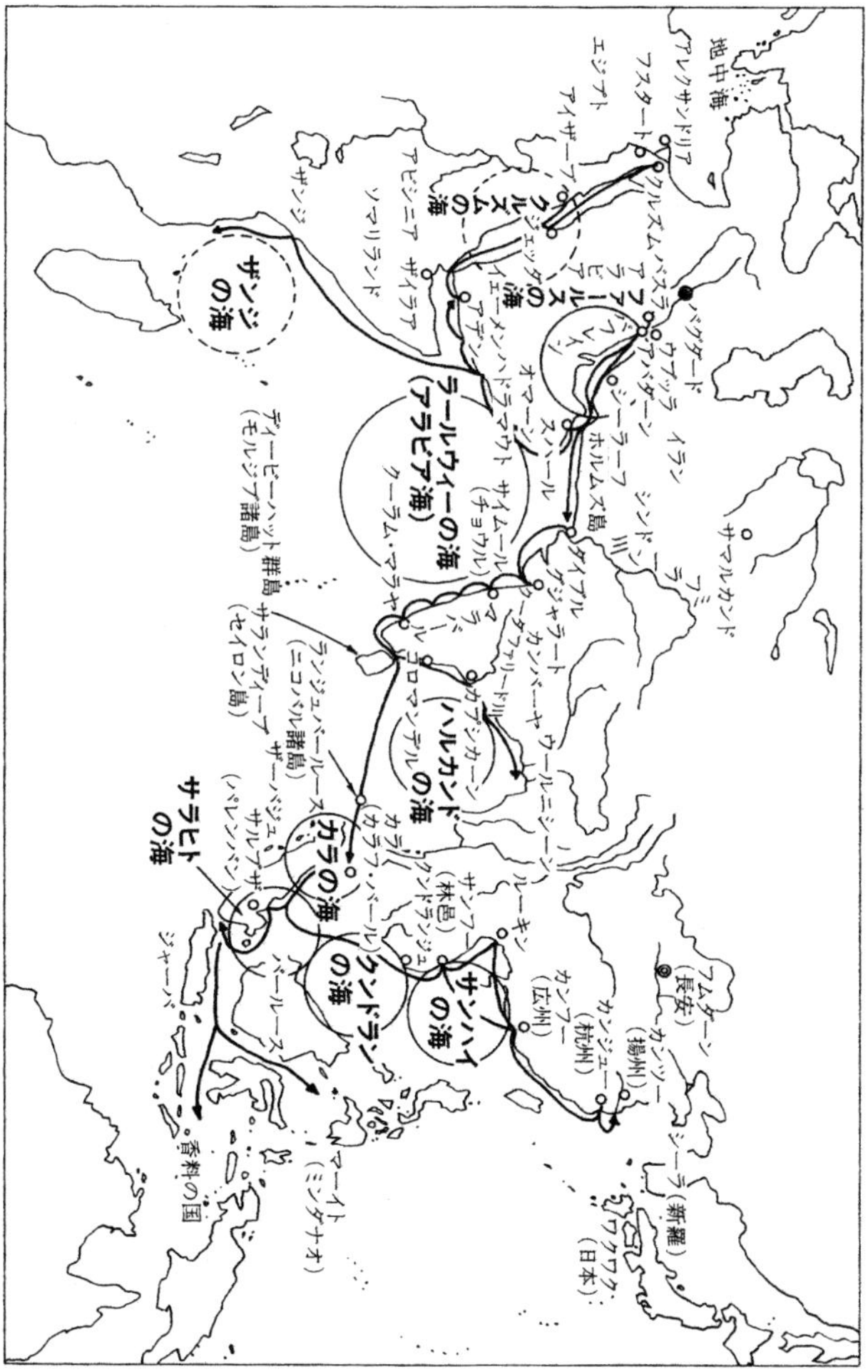

図10　結び付くイスラーム世界と中国世界

ジャーバ島は巨大な島で、王は金の飾りのある衣服を纏《まと》い金の冠を被っており、仏教を信仰している。ジャーバ島は、椰子、バナナ、甘蔗《かんしょ》を産出する。そこには、活火山があって昼には噴煙を吹き上げ、夜には火炎も見える。

ジャーバから一五日の行程で香料の国（現在のモルッカ諸島）に至る。この国はジャーバとマーイト（ミンダナオ島）とほぼ等距離であるが、マーイトの方がやや近い。マーイト（ミンダナオ島）から左に進むとインド沈香、樟脳を産出するティユーマ島に至る。そこから五日でカマール沈香と稲米《とうべい》を産出するカマール島に至る。カマールから三日の行程でインドシナ沿岸のサンフー（チャンパ）に至る。サンフーから中国の最初の港であるルーキーン（現在のハノイ周辺）までは、陸路をとっても海路をとっても一〇〇ファラングの隔たりである。

ルーキーンには、中国の玉石、絹織物、良質の陶磁器があり、稲米を産出する。ルーキーンからカーンフー（広府、つまり広州）までは海路四日、陸路二〇日である。カーンフーは中国最大の港であり、各種の果物、野菜、小麦、大麦、稲米、甘蔗を産する。カーンフーからカーンジュー（泉州か）までは八日を要する。同地の産物は広州と同じである。カーンジューから二〇日間でカンツー（江都《こうと》、揚州《ようしゅう》を指す）に至る。中国のこれらの港はいずれも大河に面しており、海船もその大河を航行することができる。中国の周辺の海域は広大であり、端から端まで二ヵ月を必要とすると述べている。

中国に関しては三〇〇の人口の多い都市があり、その中でも著名なものは九〇に及ぶ。領域は、海岸地帯から吐蕃《とばん》、突厥《とっけつ》を経て西はインドと接するところまで及ぶとする。

同書は、新羅《しらぎ》にも言及する。

カンツー（揚州）と向かい合った地域の山々と諸国の外れにシーラー（新羅）国がある。その国では盛んに黄金が産出され、土地も大変に美しいので、ムスリムでその国に居着いてしまった者もいる。人は新羅以上の情景を思い浮かべることができない。

また広大な海域からは、豊かな物産がイスラーム交易圏に齎《もたら》されたことを記し、次のような商品を列挙している。中国からは絹織物、宝剣、模様のある羽二重《はぶたえ》、麝香、沈香、馬鞍《ばあん》、貂皮《ちょうひ》、陶磁器、襟巻《えりま》き、肉桂《にっけい》、クマタケランが、ワクワク（日本）からは黄金、烏木が輸入された。インドからは、沈香、檀香《だんこう》、樟脳、樟脳油《しょうのうゆ》、丁香《ちょうこう》、ニクズク、華澄茄《かちょうか》、椰子《やし》、黄麻《おうま》衣服、綿のビロード風の衣服、大象が、セイロン島からは各種の宝石、ダイヤモンド、真珠、水晶、宝石を研磨するための金剛砂《こんごうしゃ》、インドのマラバール地方からは胡椒、マレー半島中央部のカラからは錫《すず》が輸入された。

南方の海域からは蘇木《そぼく》（蘇方《すおう》）が、シンドからはクストという芳香植物、槍用《やりよう》の木、竹が輸入された。また、アラビア半島南西部のイェーメン地方からは装飾品、各種の衣服、竜涎香《りゅうぜんこう》、ワルス、騾馬《らば》、驢馬《ろば》が輸入された。こうして、ムスリム商人が交易に利用したのは東アフリカから東アジアに至る広大な海域であったが、フルダーズベは、「この海洋は、紅海から最東端のワクワクまで全長四五〇〇ファラング（二万八〇八〇キロ）に及ぶ」と述べている。アジアの海を面として活用したのである。

八五一年に書かれた『シナ・インド物語』は、広州にモスクが建てられ、イスラーム教徒の蕃長が裁判権を有する自治居留区が設けられていたことを記している。同書は、唐末の黄巣《こうそう》の反乱軍が最大の対外貿易港、広州を占領した時に一二万人のイスラーム教徒、ユダヤ教徒、キリスト教徒、ゾロアスター教徒が殺害されたと伝えており、その数に誇張があると考えられるものの、多くの西アジアの商人が居住していたことが理解できる。

唐代における最大の商業都市、揚州にも、イスラーム教徒、ペルシア商人などの居留区が設けられていたことは、最後の遣唐使船《けんとうしせん》で唐《とう》に渡った円仁《えんにん》の日記からも分かるが、七六〇年に田神功《でんしんこう》の軍が揚州を占領した際に数千人のペルシア商人が殺害されたと『旧唐書《くとうじょ》』にも記されている。多分その地からの情報であると考えられるが、フルダーズベは、倭国（日本）について次のように記している。

シーンの東にワクワク（倭国）の地がある。この地には豊富な黄金があるので、その住民は飼い犬の鎖や猿の首輪を黄金で作り、黄金［の糸］で織った衣服を持って来て売るほどである。またワクワクには良質の黒檀がとれる。

羅針盤《らしんばん》が中国から伝播《でんぱ》する以前において、イスラーム世界の航海士たちは、夜中に北極《ほっきょく》星《せい》を基準とする天体観測を行い自己の船の位置を確認した。天体観測により位置を確認する方法は、無人の砂漠を旅する場合と同じであった。

巨大な銀の循環

巨大な経済ネットワークの血液として利用されたのが、帝国で鋳造された重さ四・二九グラムのディナール金貨と重さ二・九七グラムのディルハム銀貨だった。イスラーム帝国ではビザンツ帝国のノミスマ金貨による金本位制とササン朝の銀本位制を引き継いで金銀複本位制がとられていたのである。イスラーム帝国の金・銀貨はイベリア半島からインダス川流域に至る広い地域で流通し、周辺のユーラシア各地に及んだ。北欧のヴァイキングの墓からも約四万枚ものイスラーム銀貨が出土している。巨大な銀の循環がユーラシア規模の物流を支えたのである。

最初は銀貨が主要通貨となり、ホーラサン地方のパンジャヒール銀山が銀の主産地で、西トルキスタンのシャシュ（現在のタシュケント）郊外の二銀山がそれに次いだ。九世紀にパンジャヒール銀山からは、ホーラサン総督が年産一二〇～一五〇トンの銀を徴収していたが、その量は一五〇〇年の銀の推定世界総生産量の二・三倍に及んでいたという。シャシュの銀山からも年額三〇トンの銀が産出された。

図11　ユーラシアで広く流通したディルハム銀貨

ところが、銀を精錬するための木材資源・銀鉱脈の枯《こ》渇《かつ》などの理由から一〇世紀になると、深刻な銀飢饉《ききん》がイスラーム・ネットワークを襲うようになった。他方、スーダンやナイル川上流のヌビア地方での金の供給が増し、しだいに金貨の比重が高まった。

しかし金・銀貨の供給量は経済規模の拡大に追いつかず、銀行業が発達して一種の小切手の使用が一般化した。バグダードには多くの銀行が設けられ、そこで振り出された小切手はモロッコで現金化することができたといわれる。また、バスラでは商人たちがそれぞれ銀行に口座を設け、市場での取引にはすべて小切手が用いられたともいわれる。

トルコ人の世紀と十字軍

イスラーム帝国を掌中に

一一世紀から一四世紀は、ユーラシア中央部の草原地帯から強力な遊牧騎馬軍団が大農耕地帯に向けて南下し、大ネットワークを支配した時代であった。ユーラシアの草原地帯は、トルコ語、モンゴル語で金を意味するアルタイ山脈を境に東のモンゴル高原と西のカザフ草原に分けられる。前者はモンゴル人が、後者はトルコ人が活躍する舞台だった。一一世紀にはトルコ人がユーラシアの西のネットワークの覇者《はしゃ》となり、一三世紀から一四世紀にはモンゴル人が世界史上最大の遊牧騎馬帝国をユーラシアに打ち立てた。

ユーラシアの東西にはそれぞれ、大草原の遊牧民が大農耕地帯に侵入する経路があった。その地域から大農耕地帯がしばしば脅《おびや》かされたのである。西アジア世界と南アジア世界へであり、東アジア世界への侵入経路になったのが、万里《ばんり》の長城《ちょうじょう》の南縁部の大同《だいどう》盆地、北京《ペキン》地域であった。トルコ人は前者、モンゴル人は両方の地域を経由して侵入し、大農耕地帯のネットワークの支配に成功した。

トルコ人のイスラーム帝国への侵入の中継地になったのが、北海道とほぼ同じ面積を持つアラル海に注ぎ込むシル川とアム川に挟まれた西トルキスタンの中心のソグド地方という大オアシス地帯であった。シル川の北はカザフ草原というトルコ人の生活の場となる大草原である。ソグド地方は、ザラフシャン川の流域に大小のオアシスが散在し、東西南北の諸地域と結び付く交易ネットワークのセンターであり、シルクロードの中心であった。ソグド地方では古来、サマルカンド、ブハラなどの交易都市が発達し、ギリシア語ではトランス・オクシアナ（オクサスを越えた地）と呼ばれた。このオクサスはアム川を指し、ペルシア帝国に含まれるアフガニスタンに接する領域外の土地を意味していた。イスラーム帝国では、同様の視点からマー・ワラー・アンナフル（「川向こうの土地」の意味）と呼ばれている。ナフル（川）はアム川を指すので、意味は変わっていない。この広大な地域こそが、大草原と西アジアの大農耕地帯をつなぐ中継基地だったのである。

一〇世紀には、ウイグル、吐蕃《とばん》の進出でシルクロード交易が行き詰まり、絹の製法が西アジアに伝播していたこともあって、ソグド地方の商人は交易の対象をシル川の北の草原地帯に変更した。その際に主要な商品になったのが、マムルーク（軍事奴隷）と呼ばれるトルコ人の若者であった。優れた騎馬技術を身につけたトルコ人は、政治的・軍事的混乱が続くアッバース帝国各地の支配者にとって貴重な戦力であり、西トルキスタンの商人の主力商品となり、イスラーム世界に導入されたのである。遊牧民出身のアラブ人にとってマムルークは、家畜群ともいうべき農耕民を抑えるための有能な補助勢力だったのである。それが後にイスラーム帝国に深刻な混乱をもたらすなどとは、誰も予測しなかった。目先の利益追求の積み重ねが、思わぬ社会変化につながっていくものである。

イスラーム帝国で功績をあげたトルコ人マムルークは、奴隷身分から解放され故郷に錦を飾った。トルコ人はイスラーム帝国の混乱と豊かさへの認識を深め、やがてイスラーム帝国を乗っ取ってしまう。それがセルジューク朝（一〇三八～一一九四年）である。

十字軍と新生するヨーロッパ

西アジアのネットワークを支配下に収めたセルジューク朝は、積極的にマムルーク（軍事奴隷）を利用することでイスラーム世界内におけるトルコ人の比重を高め、兵士に徴税権を与えるイクター制によりトルコ人を各地の領主に据えた。そうしたなかで、トルコ人の一部はアナトリア（小アジア）のビザンツ帝国領に対するジハード（聖戦）を行い、その領土を蚕食《さんしょく》した。トルコ人は山道や寒さに強いバクトリア原産の二瘤《ふたこぶ》ラクダを用いてアナトリアに進攻した。トルコ人の攻撃によりアナトリアのイスラーム化が始まり、ビザンツ帝国は存亡《そんぼう》の危機を迎える。

軍事的に弱体化しておりトルコ人の進撃を抑止《よくし》できないビザンツ皇帝は、ローマ教皇に援助を求め西ヨーロッパの世俗領主の軍事力に依拠して、トルコ人の侵入を阻止しようとした。ビザンツ皇帝から援助要請を受けたローマ教皇ウルバヌス二世（在位一〇八八―九九）は、キリスト教世界内での地位を高めるために要請を容《い》れ、聖地イェルサレム奪回《だっかい》を名目とする十字軍の派遣に踏み切った。ここに十字軍（一〇九六～一二九一年）が開始されることになる。十字軍とは、一〇九五年のクレルモン公会議により遠征軍の派遣が決議されて以後、一二九一年のアッコン陥落まで数回にわたりヨーロッパの軍団によりなされたシリア、パレスチナ、エジプトへの軍事遠征を指す。第一回十字軍は、イスラーム世界の分裂を利用して残虐《ざんぎゃく》な略奪行為を行い成功を収めた。イスラーム側が結束を強めた第二回以後は、全て失敗に終わっている。十字軍は、世界文明が栄えた先進地域への遠征であり、ヨーロッパ世界には多様な文明が移植された。「一二世紀のルネサンス」と称されるヨーロッパの自己革新が十字軍をきっかけとして起こっている。

一方、西トルキスタンのサーマン朝（八七五～九九九年）のマムルーク（軍事奴隷）アルプテギーンによりアフガニスタンに創建されたガズナ朝（九六二～一一八六年）は、一一世紀以降西北インドへの侵入を繰り返し、イスラーム世界を拡大させた。ガズナ朝を倒したゴール朝（一一四八〜一二一五年）は北インドのイスラーム化をめざし、デリーを都として北インド支配の体制を固めた。こうした動きは、イスラーム教徒による北インド支配につながっていく。西トルキスタンからアム川を渡り、アフガニスタンから北インドに至るルートも、遊牧民の大農耕地帯への代表的な侵入路であった。

遊牧トルコ人の侵入は、西アジア・北インドのネットワーク支配を大きく変容させ、西方のキリスト教世界にも衝撃を与えたのである。

モンゴル帝国と統合される陸と海

チンギス・ハーンの偉業

中央アジアの遊牧民がユーラシア・ネットワークを支配した時代の頂点に位置するのが、モンゴル帝国である。朝鮮半島からロシアに至るユーラシアの大部分がモンゴル人の強大な軍事力により統合され、はっきりとしたかたちでユーラシア規模の世界帝国が出現したのである。

モンゴル帝国の下で陸・海のネットワークが整えられ、ユーラシア規模のネットワーク上をヒト、モノ、情報が往来し、諸文明の交流、諸文明の変容が進んだ。モンゴル帝国は、モンゴル人のパワフルな軍事力とイスラーム商人による広範囲の経済活動に支えられており、ユーラシア規模で相互依存体系のネットワークが統合された。

一二〇六年のオノン川上流で開かれた二回目のクリルタイ（族長会議）でモンゴル高原

の覇者《はしゃ》となったチンギス・ハーン（在位一二〇六―一二二七）は、九五の千戸集団に遊牧民を再編し、モンゴル高原の軍事・政治的ネットワークを統合した。イェケ・モンゴル・ウルス（大モンゴル国）の成立である。

モンゴル帝国の構造は、羊群の管理を軸として社会構造を組み立てる遊牧民固有のもので、ハーンとハーンの一族を中心に千戸長が大きな群を、百戸長が小さな群を統率するというように、同心円的、重層的に作りあげられていた。モンゴル軍が中央アジアの遊牧民を征服すると、それぞれの長を中心に新たに群が作られ統轄された。ラシード・ウッディーンの『集史』は「千戸集団」を一二九としており、約二〇年間に千戸集団が三分の一程度増加していることがわかる。

図12　チンギス・ハーン

西遼《せいりょう》（カラ・キタイ、一一三二～一二一一年）を滅ぼした中央アジアのナイマン部を倒すと、チンギス・ハーンは、一方で東トルキスタンの商業国家、西夏《せいか》を攻撃し、他方で西アジアのネットワークを支配したばかりの新興勢力ホラズム帝国と協力し、オアシス都市を結ぶネットワーク（シルクロード）の支配をめざした。広範なオアシス農耕社会と遊牧社会の大ネットワークを支配下に置こうとしたのである。

ところが偶然に、チンギス・ハーンがホラズム帝国に派遣した使節団四百数十人がオトラルの地方長官の手で殺害され物資が略奪される事件（オトラル事件）が起こった。抗議のために派遣した使節団も髭《ひげ》を切られて追い返されるなど愚弄《ぐろう》されたため、激怒したチンギス・ハーンは大遠征軍の派遣に踏み切る。遠征軍は交易路沿いに進撃し、王をカスピ海の小島に追い詰めてホラズム帝国を滅ぼした。チンギスの生涯は、西夏を滅ぼして中央アジアの交易ネットワークを完全に掌握したところで終わることになる。

モンゴル帝国が短期間のうちに大領域を支配できた理由は、伝統的な部族制を解体して千戸制で集権体制を確立することから生まれたモンゴル軍の強さにあった。馬の俊敏さを生かした騎馬軍団は、高速度での離合集散を繰り返して敵軍を翻弄《ほんろう》し、敵が疲れたところで打ち破るのを基本戦略としていた。騎馬軍団は、必要とあらば三〇〇キロを三日で踏破したのである。情報面でのイスラーム商人の協力も遠征成功の重要な要因だった。

「パックス・イスラミカ」の終焉

イスラーム商人の国際的地理知識と交易体験、モンゴル人の軍事的破壊力が結合することでモンゴル帝国という大帝国の建設ははじめて可能になった。経済的に見ると、モンゴル・ネットワークはイスラーム・ネットワークの成長と見なすことができる。モンゴル帝国の時代に、イスラーム商人は東アジア世界をも自らの交易活動の場に組み入れたのである。

しかし、チンギス・ハーンはホラズム帝国に対する軍事征服活動の過程で、進撃する軍隊の背後の安全を確保するためにオアシス・ネットワーク（シルクロード）の中心サマルカンド、ブハラなどの伝統的商業都市を徹底的に破壊していた。その結果、交易路は草原地帯に移り、モンゴル帝国が直接管理する草原の道を中心に再編されたのである。

モンゴル帝国は、第二代の大ハーン、オゴタイ・ハーン（在位一二二九―四一）の時代になるとドニエプル川流域のキエフ公国、中国北部（華北《かほく》）の金《きん》帝国の領地を支配下に置いた。オゴタイ・ハーンはモンゴル高原のオルホン川とトーラ川の上流地域に帝国ネットワークの要《かなめ》として新都カラコルムを建設している。ルブルクの記録によると、宮城の外に商人が多数集まるムスリム地区、中国人の職人地区、宮廷に使える書記の居住地区の三つの街区が設けられていた。

オゴタイは、新首都を造営すると同時に、首都を起点とする道路網と駅伝制《えきでんせい》（モンゴル語でジャムチ）を整え、約三〇キロ間隔で駅亭《えいてい》を整え、ウラクチと呼ばれる要員を配備した。ユーラシアを東西につなぐ草原の道のネットワークを整備したのである。杉山正明氏は、モンゴル帝国の駅伝制が遼《りょう》、西遼のキタイ人の帝国ではすでに全面的に動いており、モンゴル帝国はそれを利用、模倣したのではないかと推測されている。遼は、中国の大同盆地と燕（えん）（現在の北京の周辺）地方を獲得しており、インフラとしてのネットワーク形成については、中国から学んでいたとも考えられる。

第四代の大ハーン、モンゲ・ハーン（在位一二五一—五九）の時代には、フラグが率いるモンゴル軍によりアッバース帝国の首都バグダードが征服された。かつてのユーラシア・ネットワークのセンター、バグダードが徹底的に破壊されたことでイスラーム帝国は完全に崩壊し、西アジアのネットワークはモンゴル帝国の支配下に組み込まれた。すでに衰退していたとはいえ、バグダードが壊滅させられたことは、パックス・イスラミカという一つの時代の終わりを示す象徴的な出来事だった。

立ち向かう一〇万人のモンゴル遠征軍に二万人の兵を率いて抗戦したバグダードのカリフは三人の子とともに処刑され、その後の七日間にわたる略奪でバグダードは見る影もなく寂《さび》れた。バグダード陥落に際してアラブの史家は八〇万人が殺害されたと記し、フラグ自身もフランス国王ルイ九世（在位一二二六—七〇）宛の書簡で二〇万人を殺害したと記している。まさに劇的なかたちで、イスラーム・ネットワークのセンターは倒壊したのである。モンゴル帝国は、ザクロス山脈北部の標高一三六〇メートルの交通の要衝《ようしょう》タブリーズに新都を築き、草原地帯から西アジアの大農耕地帯のネットワークを支配しようとした。

そうしたこともあってイスラーム・ネットワークの中心はモンゴルからの独立を守った

エジプトのマムルーク朝（一二五〇～一五一七年）に移り、首都カイロを中心にイスラーム商人の交易活動は続けられることになった。

モンゴルの衝撃

モンゴル人の征服活動は、中央アジアだけではなくユーラシア各地のさまざまな伝統システムを崩壊に導き、世界史の大転換をもたらした。それは未曾有《みぞう》のスケールで展開されたが、モンゴルの衝撃による各地のシステムの変化は次のようにまとめられる。

(1)東アジア　一二五九年に朝鮮半島の高麗《こうらい》（九一八～一三九二年）がモンゴルに屈服し、一二七九年に南宋《なんそう》が滅ぼされて中国が完全に征服され、ともにモンゴルのシステムに組み込まれた。海を隔てた日本に対しても元寇《げんこう》（文永《ぶんえい》の役《えき》（一二七四）、弘安《こうあん》の役（一二八一））がなされ、それを撃退するための取り組みが御家人《ごけにん》に負担をかけ、鎌倉幕府は一三三三年に倒壊した。

(2)東南アジア　モンゴル軍は、一二五四年に雲南《うんなん》のタイ人の大理国《だいりこく》を、一二八七年にビルマのパガン朝を征服し、ヴェトナムの陳《ちん》朝にも三度の遠征を行い、ジャワ島に遠征してシンガサリ朝を一二九二年に滅ぼした。その結果、インドシナ半島でタイ人の動きが活発化し、タイ人初のスコータイ朝（一二五七～一三五〇年）が建てられて以降タイ人の勢力が強まった。一二九三年にはジャワ島にマジャパヒト朝（一二九三～一五二〇年頃）が成立するが、同朝はシュリーヴィジャヤ朝を倒して、一時マラッカ海峡を支配した。一三世紀は、東南アジアの大転換期として位置づけられている。

(3)イスラーム世界　イスラーム世界の東部がモンゴル帝国の支配下に入り、イスラーム世界の中心はエジプトのマムルーク朝（一二五〇～一五一七年）に移った。カイロがネットワークの中心になっている。

(4)ロシア　キエフ公国（九世紀～一三世紀）が滅ぼされ、ヴォルガ川、ドニエプル川水系のネットワークがサライを都とするモンゴル人の支配下に入った。

元帝国と大都（カンバリク）

大ハーン位を巡《めぐ》る対立が続き、一二六〇年にフビライが自分を支持する部族長のみでクリルタイ（集会）を開いて第五代の大ハーンの地位につくと、オゴタイ・ハーンの孫のハイドゥ（？―一三〇一）は草原の三ハーン国を糾合《きゅうごう》して反旗を翻《ひるがえ》し、モンゴル帝国が大農耕地帯と草原に二分され長期の戦闘に突入した（ハイドゥの乱）。帝国ネットワークの二分裂である。ハイドゥの乱（一二六六年～一四世紀初頭）は、指導者であるハイドゥが死ぬ一四世紀の初頭まで約四〇年間続いて、モンゴル帝国が衰退する大きな要因になった。

危機に直面したフビライ・ハーン（在位一二六〇―九四）は、先に述べたように中国を支配するための拠点都市をモンゴル高原から中華世界への入口に移して大都《だいと》（現在の北京）を築き、南宋を滅ぼして、ハイドゥを中心とする草原の勢力に対抗しようとした。首都を草原地帯と中華世界の接点に移すことで、異質な社会の複合を図ったのである。それには組織としてのネットワークの再編が欠かせなかった。

フビライ・ハーンは最初、遊牧世界と農耕世界が接する内モンゴルの金蓮川《きんれんせん》一帯（その中心に建てられたのが上都《じょうと》〔ドロン・ノール付近〕）を夏営地とし、金の故都《こと》である中都を冬営地として、遊牧社会を維持しながら旧金帝国のネットワーク（「カタイ」と呼びならわされた）を統治しようとした。しかし、そうした中途半端なかたちでは、とてもハイドゥに対抗することは難しかった。フビライは、南宋が統治する南中国（マンジと呼びならわされた）の征服を決意した。そこで中国人を威圧できるような巨大都市、大都を華北平原《かほくへいげん》の入口に建設し、中華世界のネットワークを全面的に掌握する方針に切り替えたのである。

フビライは手始めに、帝国の国号を『易経《えききょう》』の「大哉乾元《だいなるかなけんげん》」の一字を取り中国風の「元」に改めた。元帝国はモンゴル世界では「大元ウルス」と呼ばれ、モンゴル人がユーラシアに建てた諸ウルス（ハーン国）の宗主国の座につくことになった。

モンゴル帝国の東のセンターとして、『周礼《しゅらい》』の考工記《こうこうき》が定めた都市の理想像に忠実に合致するように造営された帝都が、大都（現在の北京）だった。モンゴル人が、最も中国的な帝都を建設したのである。マルコ・ポーロ（一二五四―一三二四）がカムバリクと呼んだ元帝国の大都は（中国語ではダイドゥ、トルコ語でカンバリク〔ハーンの都城〕）は、かつての金帝国の都だった中都の北東の郊外の地に二五年の歳月をかけて建設された都市で、周囲約四〇キロを土城（基部の厚さ約八メートル、高さ約一六メートル）で囲んで輪郭が造られた。その人口は、普通四〇万人から五〇万人とされているが、元末の至元六年（一三四〇）に宰相の脱々《トト》が、「大都の人烟《じんえん》百万」と称していることから、最盛時の大都の人口は一〇〇万人に達するのではないかとも推測されている。

大都から伸びる道路網が建設されて中華帝国のネットワークの再編がなされ、中央アジアのネットワークも上都に集中するように再編された。大都と中都の二大センターも四つの道路によって結ばれることになった。帝国の大都市にはモンゴル人や色目人《しきもくじん》などの居留区が設けられ、政治支配と経済活動のセンターとなった。

元帝国では、大都（現在の北京）を起点とする站赤《たんせき》（ジャムチ、駅伝）制が発達し、全国には兵部の管轄下に約一四〇〇の駅站《えきたん》が設けられて、宿泊施設、馬、牛、驢馬《ろば》、車、あるいは船が置かれて交通の便に供せられ、それらはユーラシアにひろがる四ハーン国のネットワークと結び付いた。交易を中心とする相互依存体系のネットワークがユーラシア規模で活性化したのである。こうした大都をセンターとする交易ネットワークの規模の大きさは、マルコ・ポーロの『東方見聞録《とうほうけんぶんろく》』が、「カンバルックには世界中のどの都市に搬入される物貨よりもいっそう珍奇で高価な商品がより多量にもたらされ、売買される商品量も他の追随を許さないだけの巨額に達している」「カンバルックの周辺には遠近まちまちではあるが総計二千有余の都市があって、そこからカンバルックに商品を売りに来たりあるいは必要な品物を買って帰る」（愛宕松男訳）としていることからも理解できる。

西アジアに流れた銀

イスラーム・ネットワークを継承した西アジアでは主に銀貨が通貨として用いられていたが、フビライ・ハーンはイスラーム商人の支援の下に膨大な中国の銀を収奪して大都に集中し、ユーラシアに循環させるシステムをつくりあげた。元帝国では通貨が交鈔《こうしょう》という紙幣に統一されていた。交鈔は銅銭の単位を用いて、銅銭の代用をするものであり、一切の銅銭の鋳造《ちゅうぞう》のみならず、古い時代の銅銭の使用も禁止された。それは、経済規模の拡大に対応しきれない銅銭不足に対処するとともに、紙幣発行権を独占する政府の強制力を高める目的があった。

帝国は、塩、茶、酒、鉄、竹、醬《しょう》、暦本《れきほん》、農具などの専売制度《せんばいせいど》を実施した。特に国庫収入の八〇％を占めた塩の専売では、政府が発行する塩引《えんいん》（販売許可証）を商人が銀で買い取り、引き換えに塩を入手できるようにし、その収入をタムガと呼んだ。そうした商税としての銀は官僚システムを通じて大都に集められたのである。

また、元帝国はモンゴル人を移住させて、中国の銀の六割以上を産出する雲南《うんなん》地方で銀山を開発し、大量の銀を入手した。莫大な量の銀は大明殿《たいめいでん》の後ろの延春閣《えんしゅんかく》に保管され、ユーラシア大陸各地のモンゴル王族に分配されたが、その量は毎年一〇トンに及んだとされている。モンゴル王族は巨額の銀をイスラーム教徒の特権的大商人（オルトク商人）に貸し付け、オルトク商人はそれを元手にユーラシアの陸、海で大規模な営利活動を行い、利益の一部を王族に還元した。それらの銀がイスラーム商人などの手で銀不足に悩む西アジア世界に還流したことは言うまでもない。

中央アジアの諸地方が窮地に陥った場合には、臨時の金、銀、交鈔、絹などの支出がなされたが、その額は時に国家歳入の半額にも達している。モンゴル帝国では、ユーラシアを東から西に流れる銀が東西経済圏を結び付ける血液となったのである。

モンゴル帝国と海域世界

海外交易は、福建《ふっけん》の泉州《せんしゅう》、広東《かんとん》の広州《こうしゅう》などの港市を中心に営まれたが、そのネットワークはマラッカ海峡を越えてインド洋海域に及んだ。モロッコの旅行家イブン・バトゥータ（一三〇四―六八／六九）は『三大陸《さんたいりく》周遊記《しゅうゆうき》』で、カリカット滞在時に数隻の大型中国船が入港していると記した後、「シナの民の中には、多数の船を持っているものがあって、その代理人を諸外国に派遣している。世界中で、シナ人ほど財宝を多く持っているものはないのである」と述べている。

一三世紀は、中国沿岸諸港からインド洋に伸びる航路が最も活性化した時代であった。

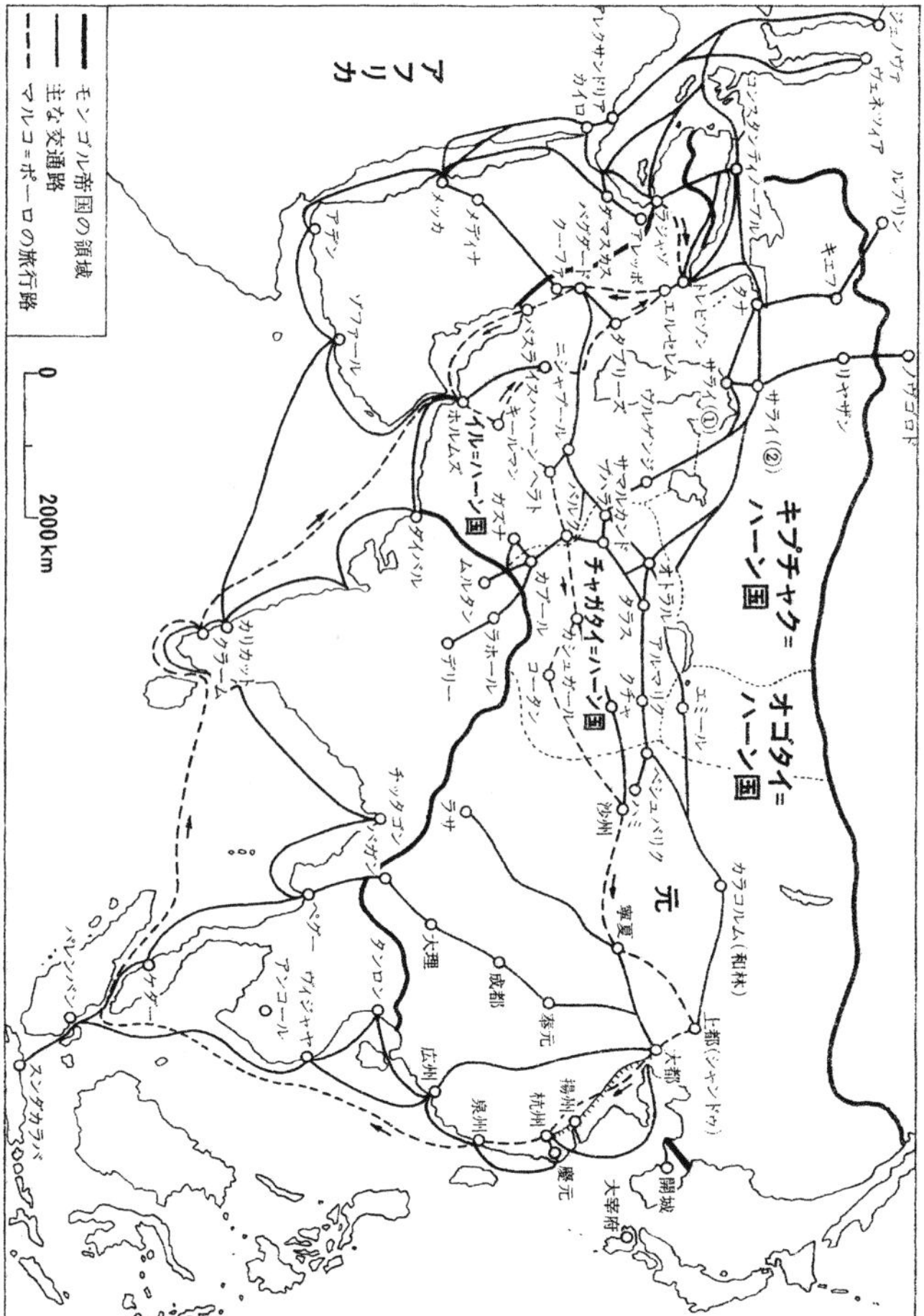

図13　モンゴル帝国のネットワーク

ジャンクという外洋船を用いた中国商人の海上のネットワークは、イル・ハーン国の支配するペルシア湾にまでつながっており、アデンを経由してエジプトにも通じていた。地中海では、エジプトのカーリミー商人とイタリア商人が海上交易ネットワークを活性化させていた。

フビライは大都を海域世界と結び付けるための水路を築き、東シナ海、南シナ海、インド洋を結ぶ海のネットワークのセンター、大穀倉地帯の江南《こうなん》につながる海運、水運のセンターに仕立て上げた。大都を第二のバグダードにするには、陸路、海路を制することが必要と考えられたのである。

大都の中心部にある積水潭《せきすいたん》（諸水源を一ヵ所に集めた湖の意味）という巨大な湖の岸には巨大な港湾施設と丁字街、斜街などの商人街が設けられ、そのネットワークは通州《つうしゅう》まで五〇キロの通恵河《つうけいが》（約五・五キロごとに一つ、全部で一四の水門を設ける閘門式《こうもんしき》の運河）、白河を通って直沽《ちょくこ》（現在の天津）に至り、海のネットワークにつながっていた。当時の積水潭は「舳艫《じくろ》水を蔽う」がごとき状況であったとされている。また、江南の人口一〇〇万人の大都市、杭州《こうしゅう》から大都に向けての長大な大運河が再掘されたが、それに長江《ちょうこう》や黄河《こうが》の諸水系が結び付いて河川ネットワークも発達し、米穀をはじめとする莫大《ばくだい》な物資が帝都に送られた。こうしたユーラシアの海と結び付く帝都の発想は、元《げん》が滅亡した後の明《みん》帝国、清《しん》帝国には継承されなかった。北京は、内陸都市に姿を変えてしまうのである。現在の北京には、外洋とつながる港は存在しない。

モンゴル帝国は、規模の点ではイスラーム・ネットワークをはるかに凌《しの》ぐ陸・海のネットワークをユーラシア大陸に作りあげた。しかし、それはイスラーム商人などの助力を得て作りだされたもので、宗教・言語・法律・通貨制度などはいずれも既存のネットワークを組み合わせたにすぎず、独自のシステムを作りあげることができなかった。

そのためもあり、モンゴル人は各地の伝統的文化の影響を受けて、しだいに自らのアイデンティティを喪失していった。たとえば、一三世紀末にイル・ハーン国（一二五八〜一四一一年）のガザン・ハーン（在位一二九五—一三〇四）はイスラーム教に改宗し、イスラーム教を帝国の国教とした。モンゴル帝国の支配層はイスラーム文明に搦《から》め捕られたのである。一四世紀になって、分裂、内乱、都市生活による奢侈《しゃしか》化などの理由からシステム維持の根幹だったモンゴル人の軍事力が弱まると、巨大なモンゴル帝国は各地の中心都市を軸に分裂の方向に向かった。

帝国崩壊後のユーラシア

モンゴル帝国の滅亡後ユーラシアは大分裂の時代に入り、ユーラシア規模の世界帝国を再編する動きと、伝統的な世界帝国への回帰の動きが錯《さく》綜《そう》して現れた。前者の動きの核となったのは、草原地帯と大農耕地帯をつなぐ西の接点、西トルキスタンから勢力を拡大したティムール帝国であり、後者の動きの核は、中華社会の伝統的センター江南から起こった明帝国だった。二つの動きは平行して進んだが、中央アジア・西アジアを統合したティムールが明帝国への遠征を決意した時には既に老いがティムールの身体を蝕《むしば》んでおり、ユーラシア・ネットワーク再統合の試みは遠征が開始されて間もなくのティムールの死によりあっけない幕切れとなった。

結局、ユーラシア規模の世界帝国は再編されることなく、ユーラシア・ネットワークはイスラーム・ネットワークを分割する三帝国（オスマン帝国、サファヴィー朝、ムガル帝国）と中華帝国に再編されることになった。ユーラシア規模の世界帝国の再編は挫折《ざせつ》し、分裂が固定化されたのである。しかし、モンゴル帝国というユーラシア規模の世界帝国が成立したことで、人々の世界認識は広がり、知り得る限りの領域を支配する世界帝国は理念上しか存在しないことになってしまった。イスラーム世界においても中華世界においても、かつてのような普遍性を持つ世界帝国はイメージできなくなってしまったのである。

明帝国の第三代皇帝永楽帝《えいらくてい》のモンゴル高原への度々の親征、ヴェトナムへの大軍の派遣、鄭和《ていわ》が率いる二万七〇〇〇人からなる大艦隊の七回に及ぶ南海派遣などを考えると、建国当初はユーラシア規模での発想が明帝国でも色濃かったことが見てとれる。しかし、明帝国は海禁政策と遊牧世界に対する防御体制の強化で帝国の境域を閉ざし、伝統的な中華帝国の枠組みに回帰してしまった。

そうした時期に、ユーラシアの周辺部に位置する地中海、ロシアで新たな動きが起こった。ユーラシアのネットワークは、周辺部から拡大・再編の道をたどることになる。イタリア商人の資本、技術を導入したスペイン、ポルトガルによる大西洋という大洋（オーシャン）の開拓、毛皮という商品を求めるロシア帝国が行ったユーラシア北部の大森林地帯、シベリアの征服がそれである。

帆船により拓かれる大洋

大洋ネットワークで浮上するヨーロッパ

一五世紀末以降、世界史はヨーロッパをセンターとする新しい大洋（オーシャン）の時代に入る。船の航跡は大洋に吸収されてしまうため、航路は海図《かいず》の上にしか残らない。航路という不可視的ネットワークが地表の七割を占める大洋（オーシャン）に広がって海図上に蓄積され、大洋が人間活動の場となった。つまり航海の種々のノウハウが蓄積され、新しい港市と航路が整えられて、大洋にネットワークが広がったのである。

巨大な風系の発見

大航海時代を可能にした大きな要因は、地球の風系《ふうけい》の発見であった。フィリップ・カーティンは、それを「大西洋、太平洋、南インド洋における主風は緯度により異なる。南北各二〇度付近では東から強い恒常的な貿易風《ぼうえきふう》（恒信風《こうしんふう》）が吹く。赤道の北側では北東の、南側では南東の風である。さらに高緯度の南北各四〇～六〇度付近では、主風は西から吹く。一五世紀半ばにはポルトガルの船乗りは、アフリカのサハラ沖でこのパターンを発見していた。彼らは、北東貿易風にのって南方に航海し、復路は北東風にできるだけ向かうように北北東のタックを長くとることを学んだ。そのうち船は西風の吹くアゾレス諸島にたどり着く。コロンブスも、大西洋横断を思いつく前、アフリカ沿いに南下する航海を経験していた。つまり彼は貿易風に乗って西に航海できることを知っていたし、北上すれば帰国するための偏西風にぶつかることにも自信をもっていた」（田村愛理他訳『異文化間交易の世界史』）と記している。

地球の大きな風系の理解を土台にして一四九二年にコロンブスが大西洋航路を開拓したことで、大洋（オーシャン）時代の幕がきっておとされた。大洋のネットワークは、広大な面としての大洋に基幹となる航路を拓き、従来のローカルな海のネットワーク群をそれに結び付けていったのである。

大航海時代の海の幹線ネットワークは、長い歳月をかけた航海の積み重ねにより形成されたネットワークを延ばして諸海域を結び付けたのではなく、火器を積載した艦船を擁するポルトガル、スペインが、大洋（オーシャン）に新しい航路を拓き、遥かに隔たった海域世界をヨーロッパに結び付けたのである。モンゴル帝国下にユーラシア経由で伝えられた中国の火薬がヨーロッパで銃器を発達させ、小型化された大砲が商船の舷側《げんそく》に備え付けられるようになった。内陸部を東から西に大旅行した火薬を利用したヨーロッパ人が、ヨーロッパ世界につながる海のネットワークを紡《つむ》ぎ出したのである。

ヨーロッパから大西洋を横断して新大陸に至るには二ヵ月を要し、ヨーロッパからアフリカの南端を迂回《うかい》してインド洋に至るにはそれ以上の時間が必要だった。しかし、ヨーロッパが大洋（オーシャン）上の独自のネットワークにより諸世界と結び付いた意味は大きかった。考えてみれば、地表の七割は海洋である。潮流、風向き、岩礁《がんしょう》、海賊など数々の障害はあるが、海洋は大量の物資の輸送に優れている。大洋（オーシャン）の時代は、目標物のない大洋上を物資が大量に移動し、交換される時代となった。大航海時代までに開発されていた海洋は、地中海などの内海《ないかい》、ユーラシアの縁辺部に位置する陸沿いの海域であり、モンスーンの規則性を利用して航海できるインド洋だけがわずかに例外だった。一五世紀の末以降、大西洋さらには太平洋という大洋が継起的に経済活動の大動脈としての姿を現わし、世界史は大変動を遂げるのである。

物資を大量に輸送できる大洋（オーシャン）に航路を切り開き、ヨーロッパ、アフリカ、南北アメリカ、アジア諸地域を結ぶネットワークが拓かれたことの意味は大きく、世界史の舞台に遅れて参加したヨーロッパは、一躍先頭ランナーになるチャンスを掌中《しょうちゅう》に収めた。資源獲得のためのネットワークとして海洋を利用する海洋国家が大陸国家に代わり世界史をリードする駆動力《くどうりょく》となる時代の訪れである。シー・パワーが歴史を動かす大航海時代以降、大西洋では海のネットワークの開発が進み、ヨーロッパは莫大な富を吸収するための大ネットワークを手に入れた。アメリカの歴史家マクニールは、一五〇〇年以降を「ヨーロッパが膨張して世界支配を行っていく時代」、と規定している。しかし、ヨーロッパ諸国は長い間アジアのコア（核）地域に手を出すことはできなかった。イギリス東インド会社がムガル帝国の混乱につけいって、インドの土地の支配に乗り出すのは一八世紀に入ってからである。

地中海で整えられた条件

大航海時代の技術的・経済的条件は、モンゴル帝国の陸・海の大ネットワークと接したイタリア諸都市が準備した。日本海の約二倍の広がりをもつ内海である地中海で大航海時代の条件が整えられたのである。大洋（オーシャン）の時代の出現を可能にした条件を列挙してみると、以下のようになる。

①中国の羅針盤《らしんばん》や逆風でも風上に進めるイスラーム世界のダウの三角帆《さんかくほ》とカタラン舵《だ》が地中海海域に伝播《でんぱ》し、航海技術が著しく進歩した、②アストロラーベ、羅針盤を利用した航海が海図（ポルトラーノ）を発達させた、③火薬、鉄砲が伝来した、④ユーラシア規模の交易でイタリア諸都市に資本の蓄積がなされた、⑤オスマン帝国が建設されるなかでジ

エノヴァなどが黒海北岸に建設した植民市が奪われ、イタリア商人は新しい市場の開拓に迫られた、⑥モロッコ海軍が壊滅してイタリア商人が大西洋と交易することが可能になった。これらの条件が微妙に組合わされて出現するのが大航海時代なのである。

特にオスマン帝国の西進により黒海、東地中海の交易から完全に締め出されたジェノヴァ商人が果たした役割は大きかった。彼らは、西地中海や大西洋に交易ネットワークを伸ばすことで経済的危機を克服しようとし、グラナダ王国の港市マラガ、セビーリャ、ポルトガルのリスボンに大規模なジェノヴァ人街をつくった。彼らは、ポルトガルのアフリカ西岸の探検事業を経済面で支え、マディラ諸島やカナリア諸島での砂糖生産と砂糖貿易、西アフリカでの奴隷貿易と深くかかわっていた。また、スペインのイスラーム教徒との戦い（レコンキスタ）、西ヨーロッパとの交易にも深くかかわっていた。ジェノヴァ人は、ジェノヴァ、マラガ、セビーリャ、リスボン、西アフリカの沿岸諸島、西アフリカ、西ヨーロッパを結ぶ大ネットワークを有しており、ジェノヴァ出身のアラゴン王国の財務長官ルイス・サンタンヘル、王室顧問の大商人フランチェスコ・ビネッリなどが、同郷のコロンブスの航海を支えたのである。

エンリケ航海王子とカラベラ船

モンゴル・ネットワークの崩壊後、世界史変動の新たな発現地になったのが、ユーラシアの西の外れに位置し、アフリカのイスラーム世界との接点に位置するポルトガルだった。ポルトガル人が大洋（オーシャン）にネットワークを築き上げるためのノウハウを開発し、交易ネットワークをアフリカ西海岸に沿って伸していく。コロンブスの探検事業を支援し新大陸に進出したスペインは、歴史の女神のいたずらで、漁夫《ぎょふ》の利《り》を占めたにすぎなかった。

人口一〇〇万余の小国ポルトガルは、荒れ地が多いために国土面積の七〜八％しか開発できず、食料輸入の代価を得るための領域拡大を余儀なくされていた。ところが、ポルトガルを囲むスペインは強大であり、ジブラルタル海峡を隔てたモロッコには強大なイスラーム勢力が存在していた。二〇〇隻の艦船を動員して国を挙げて行ったジブラルタル海峡対岸モロッコの経済センター、セウタへの攻略もあえなく失敗してしまう。

そこで、国王ジョアン一世（在位一三八五—一四三三）の第三子、エンリケ航海王子（一三九四—一四六〇）は、当時アフリカ内陸部に存在すると考えられていた聖ヨハネの国（プレスター・ジョンの国）という強大なキリスト教国と提携してモロッコとの戦いを有利に進め、さらには西スーダンの豊かな黄金を取引する目的で、アフリカ西岸の探検事業に乗り出した。エンリケ航海王子の目的は聖ヨハネの国の発見と黄金だったが、ポルトガル

図14　オーシャンのネットワークを拓いたポルトガル船

の貧しさが新規事業の駆動力となった。

エンリケ航海王子は、ポルトガル最南端のサグレス岬にアラブ人、ユダヤ人などを招いて航海士を育成し、一四一五年のカナリア諸島探検以来、探検事業を継続した。一四四〇年頃になると、ムスリムのダウに学び、それまでのバルカという低速の横帆《おうはん》式の船に換えて、三本のマストにラテンセール（大三角帆）を備えた一〇〇トン程度の外洋船カラベラを開発した。カラベラ船は、間切りという航法で逆風に逆らって前進できる優れた性能をもっていた。アフリカ沿岸を航海する場合、モロッコ沖の北から吹き寄せる強風の克服が難問だったが、カラベラ船はその問題を解決したのである。つまり、カラベラ船がポルトガルからアフリカ西岸に伸びるネットワークを築く際の原動力になったのである。

探検事業は、一四一九年マデイラ諸島、一四三一年アゾレス諸島、一四四五年ヴェルデ岬へと進展したが、事業はエンリケ航海王子の死後も継続され、一四八八年偶然に航海士バルトロメウ・ディアス（一四五〇頃―一五〇〇）が喜望峰《きぼうほう》を発見した。アフリカ西海岸にポルトガルを起点とする海のネットワークが順調に伸びていったのである。ポルトガルが領土に加えたマデイラ島などでは、ジェノヴァ商人によりサトウキビの栽培と砂糖生産が地中海海域から移植されて利益をあげた。それが、砂糖生産がブラジルなど新大陸で展開されるひとつの契機となった。

この時期に、国王ジョアン二世（在位一四八一―九五）は調査のためにイスラーム商人の交易のルートを利用してインドに渡り、さらにアフリカ東岸のムスリムの交易港を巡《めぐ》った使節コヴィリアンの報告書を得ており、アフリカの南端を迂回するルートがムスリムの海につながっていることを知った。アフリカの南端を巡ってスパイスの海に到達する目処《めど》がついていたのである。こうした一連の探検事業の過程で、ポルトガルはアフリカ沿岸の島々を占領し、金、奴隷の貿易やサトウキビ栽培などで多くの利益を上げていた。

コロンブスの誤解が拓いた大西洋

イタリアのジェノヴァ出身のコロンブス（一四五一―一五〇六）は、ポルトガル王国の首都リスボン、次いで結婚後住み着いたマデイラ島で、フィレンツエのトスカネリ（一三九七―一四八二）が製作した地図にもとづき、西から航海してインドに到達する構想を練っていた。彼は、マルコ・ポーロ（一二五四―一三二四）の話をラテン語で著した『東方見聞録《とうほうけんぶんろく》』を愛読して、黄金の国ジパングの実在を信じており、ポルトガルの船団よりも早くアジアに到達して、ジパングの豊富な黄金を独占しようと考えていた。途方もない夢を膨らませていたのである。

そのために、ポルトガルのアフリカ南端を経由するアジア航路の開発がまぢかに迫ると、コロンブスは自分のプランが危機に瀕していることを悟り、その構想をポルトガル王、次いでスペイン王に売り込んだ。ポルトガル船がジパングに到達し、莫大な黄金を先に手にしてしまうことを恐れたのである。コロンブスの事業は、最初にジパングに到達することにこそ最大の価値があった。

ところがポルトガル王室には事業の積み重ねがあり、リスクの大きいコロンブスのプランに乗る必要はまったくなかった。また、イスラーム教徒との戦い（レコンキスタ、七一一～一四九二年）が有利に進展していたものの、戦費が嵩《かさ》んで財政難の状況にあったスペインも、コロンブスの事業の支援を見送ろうとした。スペインは、大洋にネットワークを伸ばす活動には無頓着《むとんちゃく》だったのである。

その時、スペイン王室でコロンブスの事業への支援を主張したのが、王室財務長官のジェノヴァ人サンタンヘルとジェノヴァの商人団だった。スペインのイスラーム教徒に対する宗教戦争を財務面で支えてきたジェノヴァ商人の資金が、グラナダが陥落してレコンキスタが終わった一四九二年に、コロンブスを大西洋へと押し出したのである。そのように考えれば、コロンブスがスペイン王室の支援で大西洋に乗り出したことも、それなりの必然性をもつことになる。

一四九二年八月三日にパロス港を出帆したコロンブスは、六九日間の航海の後、一〇月一二日にグァナハニ島（サン・サルバドル島）に到達した。「ジパングの海」にたどりついたのである。

コロンブスは今から考えるとまったく誤った地理的認識の下に航海に乗り出し、最後まで自分がアジアに至る航路を開発したことを疑わなかったが、それは思い込みにすぎなかった。黄金の夢は幻影となって消滅する。しかしコロンブスは、伝説の海と見られていた大西洋を経由して新大陸に至るルートを開拓し、世界史の新しい局面を開く役割を果したのである。大洋（オーシャン）の時代の始まりである。その後、ジパングと見なされたエスパニョーラ島にスペイン人は大挙して移住した。もちろん黄金は発見されず、目論見は

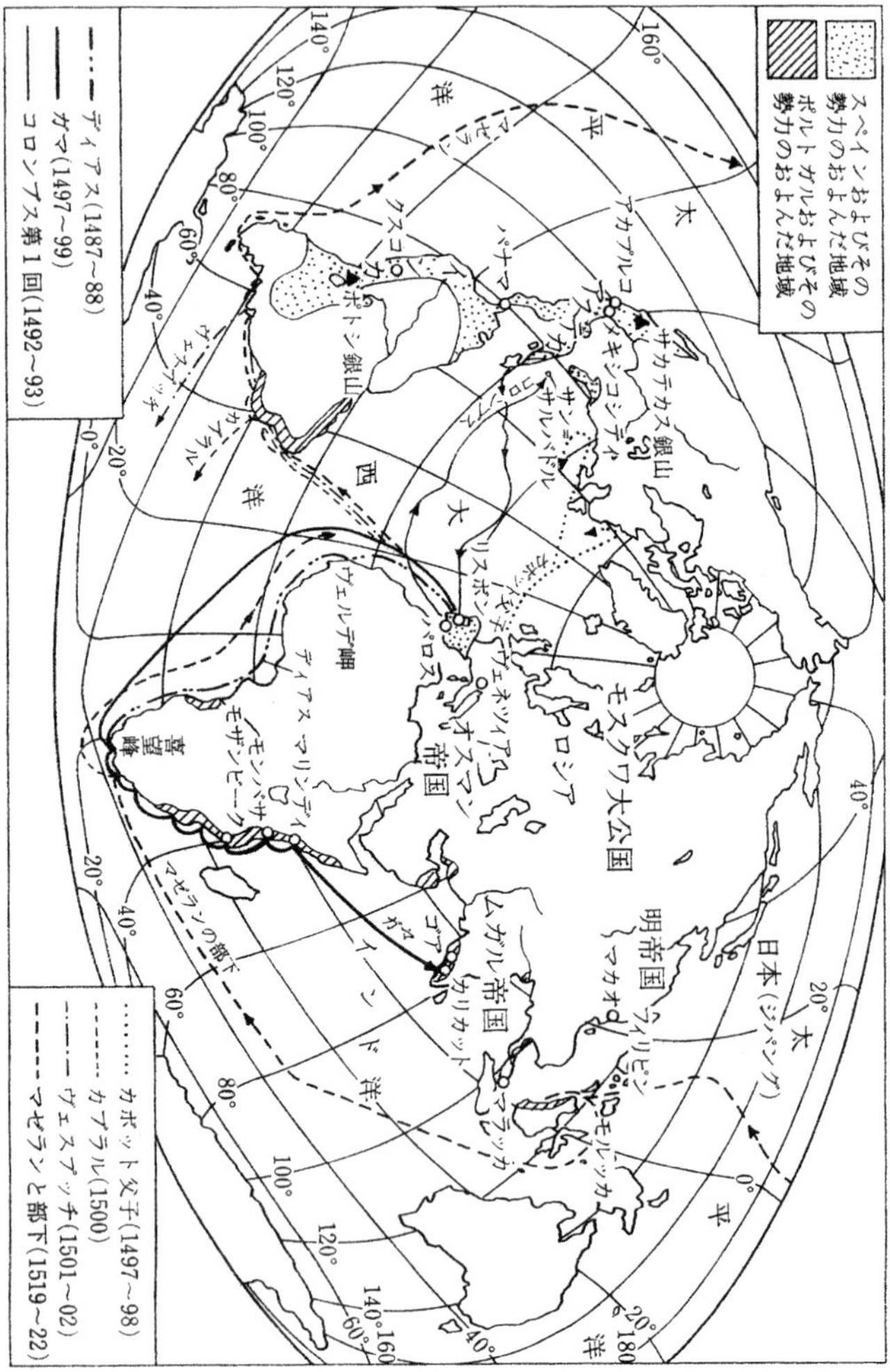

図15　大航海時代の世界（15・16世紀）

失敗に終わった。「カリブ海のジパング」エスパニョーラ島では、天然痘《てんねんとう》の流行、スペイン人の虐待《ぎゃくたい》などで人口が激減し、先住民の社会は悲惨な状況に陥った。コロンブスは失敗の責任を問われて鎖に繋がれ、本国に召還されている。

征服されるアメリカ

エル・ドラド（黄金郷）の発見の欲望は、コロンブス個人の幻影から伝染してスペイン人共通の幻影に変わった。コンキスタドール（征服者）による征服活動が進展する。コンキスタドールは新大陸で、一五三〇年までの間に征服、地理的状況の把握、土地の占拠、入植を行った。

一五一九年から二一年にかけてコルテス（一四八五―一五四七）は五五〇人の兵士、一四門の大砲、一六頭の馬を率いてメキシコ高原のアステカ帝国に侵入し、大砲・馬に対する恐怖心、白い肌をしたケツァルコアトルという神がアステカに戻るという信仰、周辺諸部族のアステカ族に対する反感を利用して征服に成功した。コルテスの一行がアステカ帝国を訪れた一五一九年は、アステカ暦で「一の葦《あし》の年」にあたっていた。その年にはかつてメキシコの地から東方に去ったケツァルコアトルが戻って来ると考えられており、メキシコにはいない馬に乗り、異様な格好をして大砲を放つコルテスの一行は神と間違えられてしまったのである。

コルテス軍によりテスココ湖の浮き島に作られた八万戸から一〇万戸を擁《よう》したといわれ

図16　インカ帝国の都市遺跡
（マチュ・ピチュ）

る首都ティノチティトラン（ティノチトリはサボテンの意）は徹底的に破壊され、テスココ湖は埋め立てられ、新たにメキシコ・シティが建設されて、スペイン人が支配するネットワークのセンターになった。ヨーロッパのインフラとしてのネットワーク、組織としてのネットワークが新大陸に移植されていく。コルテスは国王が先住民の支配を委託したとするエンコミエンダ制によって先住民インディオを奴隷化し、自分自身数万の奴隷を使役して六五の鉱山、広大な農場、牧場を支配して巨富を築いたといわれる。

一五三二年から三三年にかけて、一八六人の兵士、三七頭の馬を率い一三丁の鉄砲を持ったピサロ（一四七〇頃―一五四一）はアンデスのインカ帝国（一二〇〇頃～一五三三年）に侵入し、計略により六〇〇〇名の部下を引き連れて会見に来た第一二代インカのアタワルパを虜《とりこ》にした。アタワルパは、ピサロの一行を創造神ビラコチャの再来ではないかと疑った。アタワルパは、自らが囚《とら》われた石の部屋（たぶん八八立方メートルくらい）を黄金で満たすことを条件に釈放を求めた。帝国の各地から精巧に細工された黄金・銀製品が集められると、ピサロは素晴らしい細工品を除いてすべて溶かして延板《のべいた》に変え、五分の一を兄に託してスペイン国王の下に届けさせ、残りは兵士たちとの間で分配した。

ピサロは、アタワルパを巧みに利用しながらインカ帝国を征服し、後に処刑した。インカ帝国にも、第一二代インカの時に見知らぬ人間が侵入して帝国を滅ぼすであろうという予言があったという。死に際してキリスト教に改宗することを求められたアタワルパは、「あなたのいう教皇は、自分のものでもない領土を他に与えるなどというところからみると、気違いに違いない。私は信仰を変えようとは思わない」と述べて改宗を拒否したが、インカ帝国では火あぶりにされた魂は永遠に死滅すると考えられていたために、最終的にはキリスト教に改宗して絞首刑に処された。こうしてメキシコ以南の広大なアメリカ大陸はスペインの植民地となり、本国から派遣された国王の代理人（副王）により支配されることになった。

ジャレッド・ダイアモンドは、①銃や鉄剣などの武器、②騎馬に象徴される軍事技術、③感染症に対する免疫、④航海技術、⑤ヨーロッパ国家の集権的な統治機構、⑥文字による情報の伝播《でんぱ》、をスペイン人が新大陸を征服できた理由として挙げている。

スペイン人は、長期間に及ぶイスラーム教徒との戦い（レコンキスタ）の延長線上にアメリカ征服を位置づけており、アメリカ大陸での膨大な富の獲得は神のための困苦に満ちた戦いを展開してきた自分たちに対する神の恩寵《おんちょう》として位置づけた。スペイン人は新大陸でエンコミエンダ（委託）制を実施し、キリスト教への改宗を口実に先住民を奴隷化した。スペイン人が開拓した海のネットワークの先には、スペイン本国に従属する大ネットワークが結び付くことになったのである。

アンダルシアからの移住

スペインは、コロンブスの探検がなされた以後の一〇〇年たらずの間に、先住民のインディオに対する征服、移住、都市の建設、ネットワークの形成を行い、大領域を支配するに至った。ネットワークは、①コロンブスが最初に到達したアンティール諸島、ジパングと誤認したエスパニョーラ島などの環カリブ海域（一四九二～一五二〇年）、②メキシコ、ペルー（一五二〇～五〇年）、③チリ、ラプラタ川流域（一五四〇～八〇年）、というように段階を追って広がった。

新大陸とつながるスペインのネットワークは、セビーリャを中心とするスペイン南部のアンダルシア地方から伸びていた。新大陸との貿易は、関税の能率的な徴収と銀の不法な流出を防止する目的でセビーリャに限定され、セビーリャ通商院の管理下におかれた。セビーリャ商人とジェノヴァ商人、商人化したセビーリャ貴族が新大陸との貿易を牛耳《ぎゅうじ》ったのである。新大陸におけるネットワークの起点となったエスパニョーラ島のサント・ドミンゴ、パナマなどの新大陸の港には、商人の一族の者が代理人として派遣され、スペインと新大陸のネットワークを結び付けた。

そうしたこともあって一五六〇年までのスペインからの移民の二〇％がセビーリャ出身、一五二〇〜五九年に新大陸に渡った商人の約六〇％がアンダルシア出身であり、主にアステカ、インカの両帝国が崩壊したメキシコとペルーに移住した。コンキスタドールによる遠征軍の募集への応募、成功した移住民を頼っての親族、同郷者の移住などが進んだのである。彼らは、ムギ、サトウキビ、ブドウなどの作物、牛、馬、羊、豚などの家畜を新大陸に移植した。

スペイン人は「魂は神に、土地は王に」の原則に従い、エンコミエンダ（「委託」の意味）制によりアメリカ大陸の先住民であるインディオ（インディアン）を奴隷化し、ヒスパノ・アメリカ（ラテン・アメリカ）の広大な土地、豊かな資源、労働力を支配下に組み入れた。このシステムは、スペイン人には魅力的であり、多くのスペイン人がアメリカ移住を決意した。しかし、国王が与える特権であるエンコミエンダを所有できるスペイン人の数は限られていた。一五七〇年にアメリカ大陸で暮らしていた二万三〇〇〇家族のスペイン人のうちエンコミエンダを所有していたのは、僅《わず》かに四〇〇〇家族であったという。

新たに移住した多くのスペイン人は奥地を探検して土地を獲得するしかなかったのである。土地と富を求めるスペイン人の逞《たくま》しいエネルギーが、新大陸のスペイン世界を拡大したとも言える。

巨大な銀の流れと価格革命

一六世紀後半になると、メキシコ、ペルーの銀山で大量の銀が掘り出され、巨大な銀船によりスペイン川港セビーリャに集められた。特に、一五四六年に発見されたペルーのポトシ銀山（現在はボリビア）は世界最大の産出量を誇る銀山で、その町が富士山より高い高地に建設されたにもかかわらず、二、三十年の間にパリと肩を並べる大都市に成長し、一七世紀になると西半球最大の都市に成長した。ポトシの銀山が開発された約一〇年後に、メキシコでもサカテカス、グアナファトなどの巨大銀山の開発が進み、一五五二年には水銀アマルガム法による水銀精錬法も移植されて、一六世紀後半から一七世紀にかけて膨大《ぼうだい》な量の銀が掘り出された。その莫大《ばくだい》な富が、一六世紀半ば以降、一〇〇年間続くスペインの黄金時代（シグロ・デ・オロ）の経済的基盤となったのである。

こうしたことから大航海時代以前、南ドイツで産出される銀が年に約三〇トンだったのに対し、一六世紀後半にスペインに流入した銀は、年に二〇〇トンを超え、最盛時には約四五〇トンに及んだ。ミタ制度という旧インカ帝国の強制労働の制度を利用して掘り出された膨大な量の安価な銀は、大西洋を横断する年間約一〇〇隻のスペイン船によりヨーロッパに流入し、一五〇〇年以降の一〇〇年間に銀価が下がり物価が三倍以上に急騰する価格革命という経済上の大変動を引き起こした。ヨーロッパは、好景気に沸《わ》いたのである。

大西洋交易では最初に一〇〇トン前後の貿易船が用いられていたが、一六世紀中頃になると五〇〇〜六〇〇トンの船が用いられるようになり、さらに一〇〇〇トン以上のガレオン船も登場することになった。

ヨーロッパでは、大洋（オーシャン）に急激にネットワークが拡大するなかで、経済の中心が中欧・南欧から大西洋岸に移動し、インド、東南アジア、中国からもたらされた物産も加わって、中継貿易の拠点であるネーデルラント地方のアントワープが著しい繁栄を見た。

世界の他地域と比べて極めて安価な銀を大量に手にしたヨーロッパ人の購買力は上昇し、経済規模は拡大した。同時に、西ヨーロッパと新大陸の間には、相互間の交易がなければ日常生活を維持できないような経済的依存関係が強まって相互依存体系のネットワークが成長し、世界規模での分業体制づくりも進行した。新たに姿を現したこのような新経済システムを近代世界システムと呼ぶ。

オランダと勃興する資本主義

商業国家オランダ

一七世紀は、ヨーロッパ経済が急激に膨張した一六世紀とは異なり経済の収縮期だった。一六二〇年頃からヨーロッパ経済は停滞し、不況と社会不安が広まったのである（一七世紀の危機）。気温の低下（小氷期《しょうひょうき》）がもたらした農業の不振、前世紀の人口増加による物資の欠乏などが危機の原因である。そうしたなかで、イスパノ・アメリカからの銀の流入も急速に減少し、価格革命というインフレ現象の下で進んだヨーロッパの経済構造の大転換は、一段落した。この時期に、西ヨーロッパの外部で膨張を続けたネットワークは再編成されて緊密の度を強め、西欧諸国の経済は一つのシステムとして新たな構造を有するに至った。世界資本主義（世界システム）である。アメリカの歴史学者ウォーラーステインは、一六〇〇年から一七五〇年の時期を世界

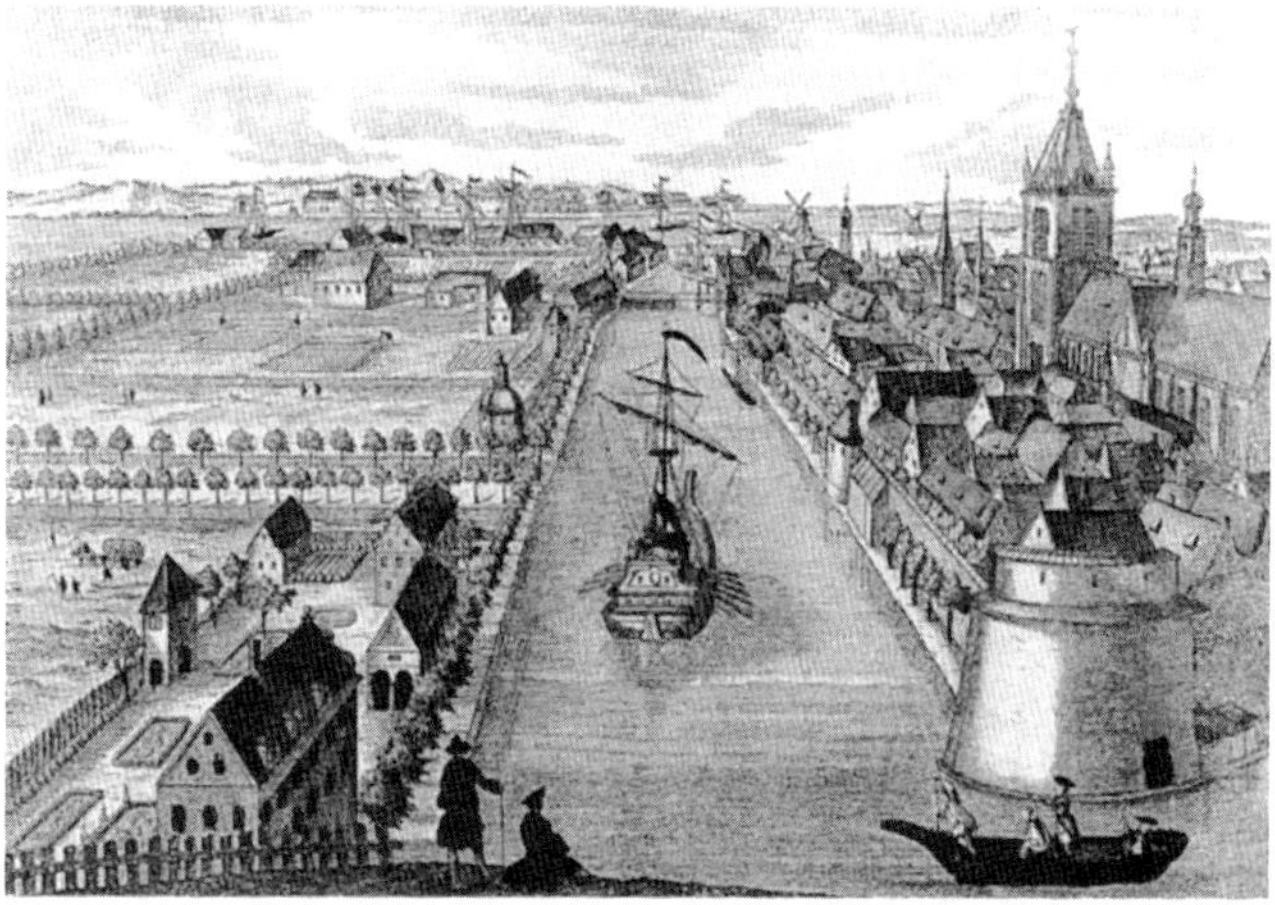

図17　繁栄するオランダのロッテルダム港

システムにとっての凝集（コンソリディション）の期間として位置づけている。

この時期ヨーロッパ各国はそれぞれネットワークの再編を図るが、優位に立ったのが商人国家オランダだった。オランダは、大洋（オーシャン）交易を効率的に拡大するのに適した新タイプの社会形態を作りあげる。国王が大洋貿易を支配したポルトガルと違い、オランダでは商人が自ら膨大な利益を求めて、大洋に乗り出したのである。オランダは、一六〇二年に設立された東インド会社（VOC）を中心に商人の主導下にポルトガルの海洋ネットワークを奪い取ろうとしたが、ポルトガルのアジアにおけるネットワークをそっくり奪い取ることはできず、喜望峰《きぼうほう》から一年中偏西風《へんせいふう》が吹く海域を北上してスンダ海峡に達し、ジャワ島のジャカルタ（後にバタヴィアと改称）を東南アジアにおけるネットワークの核に据え、台湾《たいわん》海峡を押さえて中国や日本に至るルートを確保した。ネットワークの中継拠点として、アフリカ南部のケープ植民地、セイロン島の沿岸部が確保された。

オランダ東インド会社は、ポルトガルを真似《まね》て武装船でアムステルダムとアジア各地の商館、要塞《ようさい》を結ぶネットワークを作りあげ、アジア域内貿易にも統制を加えた。その結果オランダは、一七世紀前半には経済上の優位を確立しヘゲモニー（覇権《はけん》）国家となった。今まで見られなかったまったく新しいタイプの商人の国が、新しい時代を切り開いたのである。

オランダの覇権の時代に続いてイギリス、フランスが抗争する時期が続き、一八世紀になるとイギリスの覇権が確立される。この時期は、産業革命という名の飛躍にいたる道筋を経済的・政治的・精神的・社会的に、準備する時期であった。

一五六六年にフィレンツェ人のグッチャルディーニ（一四八三―一五四〇）は、「漁場と航海は、ネーデルラント人にとって都合《つごう》のよい環境にある。北ネーデルラントは、西ヨーロッパの港だけでなく、同時にドイツ、リヴォルノ、ノルウェー、さらにバルト海の港でもある。この国ではぶどう園はないがぶどう酒が飲まれており、亜麻《あま》はないが亜麻布は豊富にある。羊毛はないのに非常に多くの毛織物をつくり、木材がないのにおそらくヨーロッパ中の全住民よりも多くの船を造っている」と、ネーデルラントの経済力を讃《たた》えている。ヨーロッパ商業の中心が、北イタリアから大西洋沿岸に移動する経済上の大変動（商業革命）が起こると、ネーデルラント南部の中心都市アントワープがスペインの大西洋ネットワークの中心港市セビーリャとポルトガルのリスボンを結び付ける交易の中心として繁栄した。一五三一年、アントワープにはヨーロッパ最初の株式取引所が設立されている。しかし、アントワープの住民が直接外国貿易に従事したわけではない。商船の所有者は北部ネーデルラントのホラント商人だったのである。それが後のオランダの繁栄につながる。

オランダ東インド会社

一五八〇年にポルトガルを併合したスペインがオランダ船のリスボン港への入港を禁じると、オランダ人は自らアジアに至る航路の開発に努めなければならなくなった。商品を自らの手で補給する必要に迫られたのである。大洋（オーシャン）に進出していける船舶、航海技術、強い意志をそなえたオランダに不足していたのは、アジアに至るための地理上の知識だけだった。そうしたなかで折から借金でリスボンの監獄に投獄されていたオランダ船員ハウトマンは、服役中にポルトガル人船員からアジア航路についての情報を得て遠隔地貿易会社を組織し、一五九五年に四隻からなる船団を率いてスマトラの西エンカ島に航海して胡椒《こしょう》を買い付け、アジア貿易の先駆者となった。その後、一五九八年からの四年間に、オランダの一三船団、六十余隻の船が香辛料《こうしんりょう》を求めてアジア海域に赴《おもむ》き、一五九九年からの六年間に七六八隻のオランダ船がアメリカ大陸のヴェネズエラ、ニューグラナダに赴いた。

　オランダ各都市の商人団は、東インド貿易による巨額の利益を求めて続々と会社を創設し、過当競争を繰り返した。そのために輸入過剰となってしまい、諸会社は合併によって利益確保をめざさざるを得なくなる。そうしたなかで、一六〇二年になると合同東インド会社（VOC）が設立され、喜望峰からマゼラン海峡に至る広大な地域の貿易、植民、軍事の独占権を握った。

　東インド会社（VOC）は世界で最初の株式会社として知られ、六五〇万《フローリン》（うちアムステルダムが三七〇万《フローリン》）の資本を集めることで発足した。東インド会社は、海軍力を背景にしてポルトガル（当時はスペイン王がポルトガル王を兼ねる）の交易ネットワークを奪い取り、ジャワ、スマトラ、モルッカ（香料）諸島、マラッカ、セイロンなどを勢力圏とする。一六一九年になると、東インド会社は総督クーンがジャワのバタヴィアに拠点を築き、モルッカ諸島、セレベス島、スンダ諸島、マラッカ、シャム、セイロン島、インド東岸、西岸に支店を設けて、丁字《ちょうじ》、ナツメグ、ニッケイなどの取引を独占した。そのために会社は巨大な利益をあげ、三・五％の利子の支払いが約束された株式の配当率は、一六〇六年には七五％にも達した。会社創立の僅か六年後には、東インド会社の資本額は、四・六倍にも達した。大変な急成長であった。

アムステルダムの繁栄

オランダのレバント（地中海東部沿岸を指す）貿易会社は地中海貿易でヴェネツィアに代わって主導権を奪い、一六二一年に設立された西インド会社はアメリカ大陸の貿易を独占した。アメリカ大陸では、オランダはハドソン湾に名を残すハドソン（一五五〇?—一六一一）の北アメリカ探検によりデラウェア以北の北東部を領有し、ハドソン川河口のマンハッタン島にニューアムステルダム（後のニューヨーク）を拠点として建設した。他方ブラジルやギアナにも植民地を築いてサトウキビのプランテーション（大農園）栽培を行い、本格的に奴隷貿易を開始した。また、ニューホラント（後のオーストラリア）、タスマニア、ニューゼーラント（後のニュージーランド）にもオランダ人航海士が到達している。

人口がわずかに二五〇万人にすぎないオランダは、活発に作動する海の大ネットワークを支配することで新しいタイプのヘゲモニー（覇権）国家となった。ウォーラーステインは、ヘゲモニーという概念を「特定の中核国家の生産効率が極めて高くなり、その国の生産物が、おおむね他の中核諸国においても競争力を持ちうるような状態のことであり、その結果、世界市場を最も自由な状態にしておくことで、その国がもっとも大きな利益を享受できるような状態」と説明している。ヘゲモニー（覇権）国家オランダの利益を守るために用いられたイデオロギーが、海洋自由の主張であった。グロティウス（一五八三—一六四五）は、一六〇九年に『海洋自由論《かいようじゆうろん》』を発刊して、「如何《いか》なる国民も自然法と万民法《ばんみんほう》の原則に従い、海洋を自由に航行し、他の国民と自由に交易する権利を有する」と述べ、スペインとポルトガルのカトリック二大国による大洋（オーシャン）の支配を否定し、オランダの利益を擁護した。

オランダの大洋（オーシャン）ネットワークの中心として、ヨーロッパ最大の商業都市に成り上がったのがアムステルダムであった。オランダ独立戦争の最中の一五八五年にエスコー川が閉鎖されてアントワープが衰退すると、それに代わりアムステルダムが香料貿易の中心、ヨーロッパの中継貿易《なかつぎぼうえき》の中心としての地位を占めるに至った。一六〇九年になると、ヴェネツィアのリアルト銀行にならった振替《ふりかえ》銀行のアムステルダム為替《かわせ》銀行が設立されて為替制度を発展させ、アムステルダムはヨーロッパにおける金融取引の中心の地位を占めることになり、一三年には株式取引所も設立された。一七世紀中に、アムステルダム為替銀行の預金残高は、一六倍に激増している。スペインからのユダヤ系移民なども受け入れ一六一〇年に五万人程度だったアムステルダムの人口は、一六二二年には一〇万人、一六五〇年には二〇万人を数えるに至った。

オランダの覇権を支えたのは、造船業であった。当時のオランダは年間二〇〇〇隻の造船能力を有するとされ、しかも合理化された生産工程により安い価格での造船が可能だった。一七世紀末においても、その製造コストはイギリスに比べ四〇〜五〇％も安かったといわれる。そうしたことが、オランダ海運業の急速な発展の基盤となった。一六七〇年にオランダはイギリスの三倍の船舶を所有し、イギリス、フランス、スペイン、ポルトガル、ドイツ諸邦を合わせたより、その船舶数は多かったといわれる。

喜望峰からジャワ島に至る直航ルートを開発したオランダは、一六〇三年にジャワに商館を建て、一六〇九年には、当時ポルトガルを併合していたスペインからインド、東南アジアにおける貿易の権利を獲得し、一六一九年にオランダ東インド会社の総督《そうとく》クーンはジャカトラを占領して、根拠地バタヴィア（オランダ語ではバタフィア）を建設した。同年モルッカ諸島での香料貿易の割合をオランダ三分の二、イギリス三分の一と協定したが、一六二三年のアンボイナ事件で、イギリス人商館員一〇人と日本人傭兵《ようへい》九人を殺害してイギリス勢力を排除し、香料貿易を独占した。

さらにオランダは、台湾海峡をおさえてマカオと長崎を結ぶポルトガル、マニラと福建を結ぶスペインの交易活動を阻止して長崎、出島での対日貿易を独占、一六二七年にはベンガルに商館を築いてインド貿易に参入し、一六五二年にはポルトガルから喜望峰を奪って、対アジア貿易の中継拠点としてケープ植民地を開いた。

大西洋ネットワークとイギリスの勃興

主力商品となった砂糖

大西洋ネットワークは、一七世紀から一八世紀に入ると往来する船の数も増して濃密の度を強め、新大陸はヨーロッパ諸国と強く結び付くことになった。重商主義政策によりネットワークの拡大と交易を重視する西欧諸国は、競って海洋世界に進出したのである。西ヨーロッパ諸国の相互依存体系のネットワークは、密度を増していく。

ラテン・アメリカでは、一七世紀初頭に銀生産が激減するが、他方で疫病の流行などにより原住民であるインディオの人口の激減も目立った。メキシコでは、一六世紀に二〇〇〇万人を数えたインディオ人口が、一七世紀には僅《わず》か一〇〇万人に減少し、ペルーでもインカ帝国が征服された後に先住民の人口は約四分の一に激減した。

そうした状況下にスペイン王室は、一六三二年にヌエバ・エスパーニャ（スペイン植民地）においては鉱山以外では強制的賃金労働を廃止する勅令《ちょくれい》を出し、インディオに対する強制労働を原則的に廃止した。その結果、インディオを奴隷とするエンコミエンダ制に代わって負債を負ったインディオの農民（ペオン）を労働力として利用する大農場制（アシエンダ制）が広がり、スペインからの移住民が大土地を所有するようになった。

カリブ海域においては、一七世紀前半になるとオランダ、イギリス、フランスの進出が見られ、オランダはさらにブラジルの一部沿海地帯に進出した。広大な新大陸で組織としてのネットワークを定着させるには時間が足りず、空白地帯が多数存在したのである。

北アメリカでも、農業移民を中心とするイギリス人、オランダ人、毛皮交易《けがわこうえき》を中心とするフランス人の移住が進み、しだいに先住民インディアンの生活の場を侵食《しんしょく》していった。一七世紀中にオランダが三ヵ所、フランスが八ヵ所、イギリスが一七ヵ所の植民地を築いたとされるが、特にイギリス人は一七〇〇年頃に三五万人から四〇万人がアメリカ大陸に移住していた。

アメリカ大陸では、先住民インディオ、インディアンの社会が掘り崩されて、ヨーロッパと同質の社会の形成が進み、ヨーロッパとアメリカ大陸、大陸内部相互のネットワークが拡大し、ヨーロッパ本国を中心に緩やかにシステム化されていった。

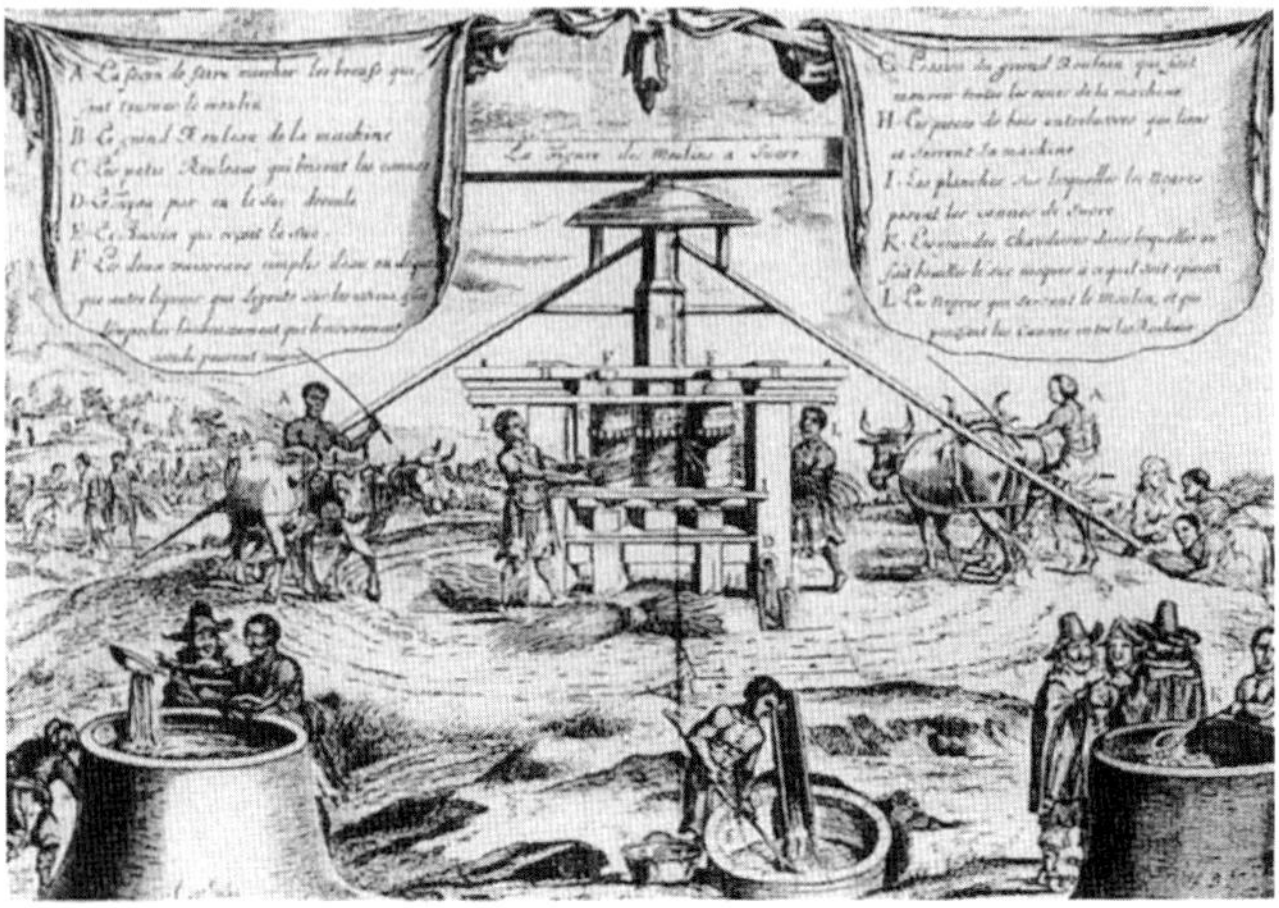

図18　砂糖プランテーションでの砂糖の精製（西インド諸島）

大西洋世界の主な商品となったのは、砂糖だった。砂糖は、東南アジアからインドを経由してイスラーム世界に入り、地中海のキプロス、クレタ、シチリアなどの諸島を経て、ジェノヴァ人などの手でマデイラ島、カナリア諸島などの大西洋諸島嶼《とうしょ》に移植された。やがてサトウキビの栽培と砂糖の生産は新大陸に移される。ポルトガルの植民地ブラジルでは、一五八〇年頃から大西洋沿岸諸島で行われていたサトウキビの栽培が移植され、アフリカ西岸から運ばれてきた大量の黒人奴隷を利用するプランテーションが急速に拡大した。一七世紀になると、オランダがガイアナで、イギリスがバルバドスでサトウキビ、タバコ、綿花などのプランテーション経営を開始する。

イギリスは、一六五五年にはバルバドスの

約三〇倍のジャマイカ島を占領し、オランダ人にならって砂糖プランテーションを経営した。一八世紀には、ジャマイカ島はブラジルを抜いて最大の砂糖の産出地となった。フランスも、スペイン領エスパニョーラ島西部（現ハイチ）のサン・ドマングをジャマイカと並ぶ砂糖の生産地にした。

プランテーションは、本国の市場目あての商品作物の大量生産システムであり、巨大な富の本国集中をもたらした。一八世紀に入ると、コーヒーや紅茶の飲用の普及とともに砂糖需要が増大して重要な国際商品となり、ブラジルとともに西インド諸島のサトウキビ・プランテーションが著しく増加した。「砂糖革命」である。

イギリスの一人当たり砂糖消費量は、一六〇〇年には四〇〇〜五〇〇グラムであったものが、一七世紀には約二キロ、一八世紀には約七キロに激増し、人々の食習慣を激変させた。一六五〇年には貴重品だった砂糖が、一七五〇年には奢侈品《しゃしひん》となり、一八五〇年までには大衆化して生活必需品に変わったのである。

亜熱帯で作付《さくづ》けされるサトウキビは、常に成長を続けて一年半で成熟したため、プランターたちはサトウキビの作付け時期をずらし、連続して収穫できるようにした。そのために砂糖プランテーションの土地はすぐに痩《や》せてしまい、長い間栽培を続けると収穫量が低下した。そうしたことから、一八世紀末になるとジャマイカに代わり、遅れて生産を始めたフランス領サン・ドマングが世界最大の砂糖産地となった。

大西洋ネットワークは、伝統社会に寄生するユーラシアの「世界帝国」ネットワークとは異なり、多くのヨーロッパ人がアメリカ大陸各地に移住し、各地にヨーロッパと同質の都市や農村が新しく築かれるところに特色があった。しかも、それらの地域は重商主義政策により本国経済の一部分に組み込まれたのである。

奴隷貿易とイギリス

サトウキビの栽培・収穫・製糖には多くの労働力が必要であり、それがブラジル、西インド諸島などへの奴隷の集中をもたらした。砂糖プランテーションでは、一〇〇人程度の労働力があれば、年間八〇トンの砂糖の生産が可能であり、一六四五年のバルバドスの一イギリス人の手紙によると、黒人奴隷を購入しても、ほぼ一年半で元手《もとで》がとれたという。そのために、一七〇一年から一八一〇年までの一〇九年間にバルバドス島に二五万二五〇〇人、ジャマイカ島に六六万二四〇〇人の黒人奴隷が運ばれた。

イギリスのリバプール、フランスのナントなどが奴隷貿易の中心港で、西ヨーロッパの火器、日用品、雑貨が西アフリカで奴隷と交換され、それがカリブ海域、新大陸で世界商品の砂糖、タバコなどに交換される大西洋三角貿易が展開された。この貿易は奴隷売買に伴う収益のみならず巨大商品市場を作りだすことで、西ヨーロッパ諸国に大きな富をもたらした。奴隷貿易が盛んになると、西アフリカ沿海部のダホメー、ベニンなどの国は奴隷《どれい》貿易の広域ネットワークに依存するようになり、ヨーロッパから輸入した火器を用い奴隷狩《が》りを行った。そのために、西アフリカ沿岸部では部族戦争が繰り返され、戦いのなかでアフリカの伝統的な社会構造が崩壊した。

一七世紀末にポルトガル領のブラジルで優れた金鉱が発見されると、多くの移民がおしかけてゴールドラッシュとなった。最盛期の一八世紀のブラジルの金の産出量は八四〇トンで、当時の世界の産金量一六二三トンの半分以上に達していたとする研究もある。この大量の金は、毛織物などの産品の代金として大部分がイギリスに流入し、ロンドンがアムステルダムに代わる金融センターに成長するのを助けた。

ヨーロッパ大陸から離れたイギリスは、島国であるという点でオランダとは一味《ひとあじ》違う海洋国家だった。オランダと違って陸上からの侵略の恐れが少ないために陸軍を拡充する必要がなく、陸軍に当てる経費を海軍につぎ込めたのである。その結果、イギリス海軍は、ヨーロッパで群を抜く存在になっていった。ヨーロッパから遠く離れた植民地で戦争が行われる場合でも、海のネットワークを通じた物資の補給が雌雄《しゆう》を決する重要な要因であり、イギリスは海軍力の優越により兵站線《へいたんせん》を維持できるという利点を持ったのである。

成長する資本主義

一八世紀に入ると、砂糖のほかに綿花、インディゴ、タバコ、コーヒーなどのプランテーションで栽培される品目が増加し黒人奴隷の需要が高まったが、カリブ海貿易と奴隷貿易を主導したのがイギリスであった。

イギリスは、スペイン継承戦争（一七〇一〜一三年）でカリブ海の制海権を掌握し、同海域からのタバコと砂糖の独占的な貿易権を手に入れた。イギリスは、それらの物品を加工してヨーロッパ諸国と環大西洋世界に輸出する加工貿易のシステムを作りあげたのである。海洋帝国として海の大ネットワークを支配することで、イギリスは基幹産業の毛織業に次ぐ第二の産業ともいうべき加工産業をはぐくみ、さらには毛織物製品の販路を環大西洋世界に広げたのである。

また、スペイン継承戦争の講和条約であるユトレヒト条約でスペイン植民地に対する独占的奴隷貿易権（アシエント）を獲得し、さらに奴隷の大量輸送方式を実現することで、オランダなど奴隷貿易商人を凌《しの》ぐに至った。イギリスの奴隷商人は、僅《わず》かに二〜三ポンド《ドボン》で購入した奴隷を二五〜三〇ポンド《ドボン》で売却して巨利をあげたのである。

一八世紀の環大西洋世界では、イギリスのリヴァプールやフランスのボルドーから積み出された火器や綿布、雑貨がアフリカ西海岸で黒人奴隷と交換され、黒人奴隷がアメリカ大陸で売却されて、砂糖や綿花などが購入されるという三角貿易が定着した。他方、北ア

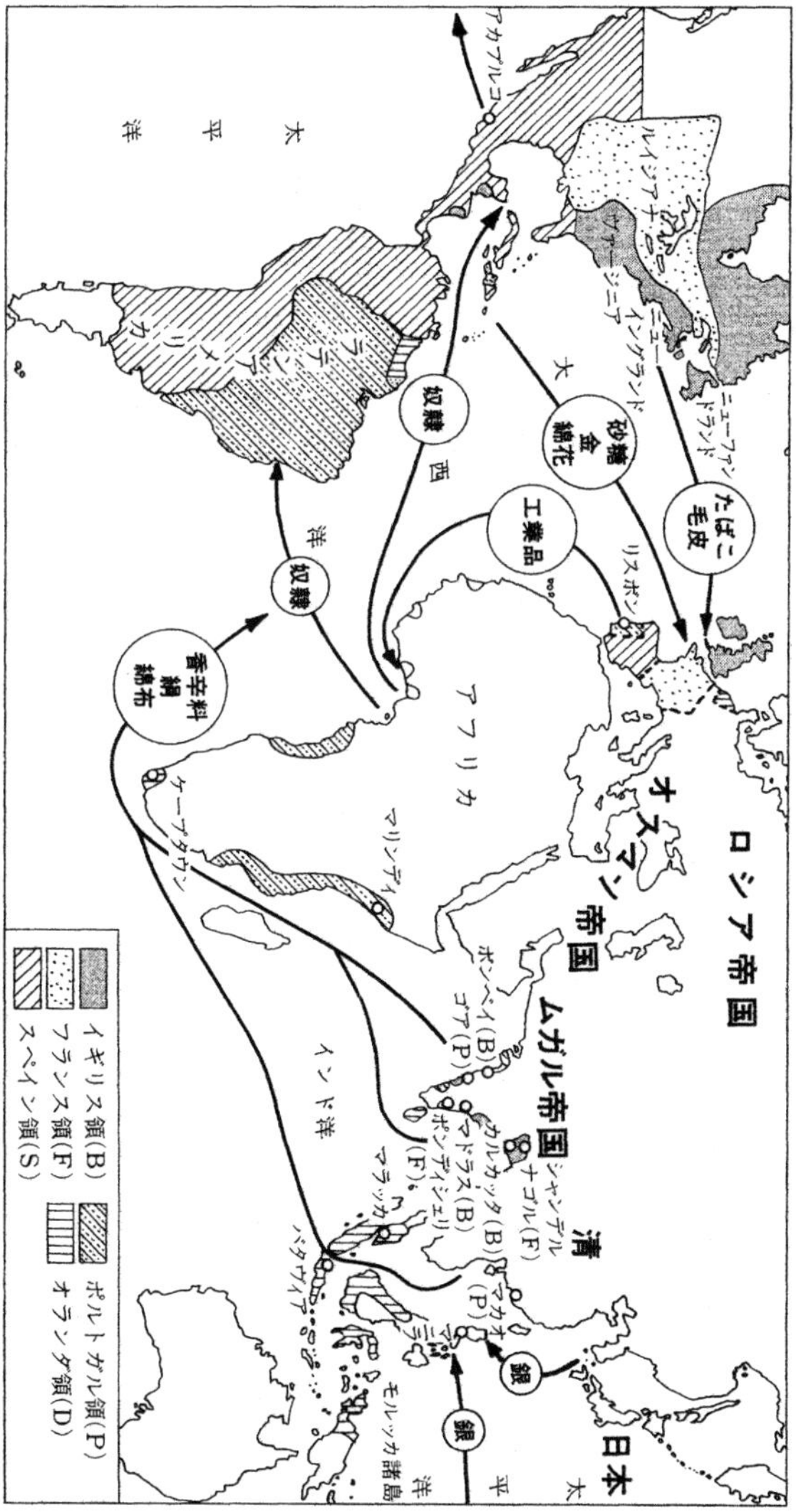

図19 18世紀中ごろの世界貿易とヨーロッパ諸国の植民地

メリカのイギリス植民地も食糧や木材を西インド諸島に運んで砂糖を入手し、それをヨーロッパに運んで工業製品を購入する三角貿易を開始した。

こうした相互依存体系のネットワークが複合するなかで、ヨーロッパ・アメリカ大陸・西アフリカの経済的結び付きが緊密化した。この交易は、ヨーロッパの需要を軸に組み立てられ、交易の担い手もヨーロッパ商人だったために、交易の進展はヨーロッパに巨額の資本を蓄積する結果になり、ヨーロッパを中心とし、周辺諸地域を従属させる国際分業体制（世界システム）が成長することになった。

環大西洋経済と産業革命

資本の蓄積を進めた西欧諸国では、経済ネットワークのさらなる拡大を図るために工業製品の生産の増大、効率化を図ることが必要となった。イギリスがインドから環大西洋世界にもたらした吸湿性、耐久性に富む綿布は、西インド諸島のプランテーションでの奴隷の衣服として好まれた。一七五〇年頃になると、西アフリカでもイギリスが輸出するインド産綿布の需要が激増し、一七五〇年から七〇年にかけてイギリスの綿布の輸出は約一〇倍となった。

イギリスは、綿製品の需要の増大に対処して西インド諸島のプランテーションで栽培された綿花を原料として、自国での綿布生産に乗り出した。やがて、生産効率を高める必要にかられて、工場での機械の利用に踏み切る。イギリスの歴史家ボブズホームが述べているように、イギリス綿工業は「奴隷制と手をたずさえてすすんでいった」のである。

　イギリスの奴隷貿易の最大の拠点港であるリヴァプールの後背地《こうはいち》ランカシア地方で、西インド諸島の綿花を原料とする綿工業が盛んとなったことは自明の事実である。一七六〇年代になると、すでに毛織物工業で使用されていた効率の良い飛《と》び梭《ひ》（flying shuttle）という織り具が綿工業でも利用されて織布効率が上がり、綿糸飢饉《めんしききん》が起こった。紡糸工程の能率化が求められるなかで機械が次々と発明され、産業革命が始まる。

　一七六七年にハーグリーヴズによる手動のジェニー紡績機《ぼうせきき》の発明、翌年にアークライトによる水力紡績機の発明、一七八一年にワットが蒸気機関のピストン運動を回転運動に変えることに成功、一七八四年にカートライトの力織機《りきしょっき》の発明、一七八五年にクロンプトンによるミュール紡績機の発明と続き、紡績工程、織布《しょくふ》工程が蒸気機関を動力とする機械によって担われることになった。このように産業革命は、大西洋交易の拡大と結び付きながら展開されたのである。

食料基地東ヨーロッパ

　世界システムは、そのヘゲモニー（覇権）国家として、一七世紀のオランダ、一八世紀のイギリスを育て上げた。港市アムステルダム、ロンドンを中心に、貿易、金融の大ネットワークが変貌を遂げつつ成長し、モノ・ヒト・カネが行《ゆ》き交《か》ったのである。

それと同時に相互依存体系のネットワークに組み込まれ、生産の場となった西ヨーロッパ諸都市では人口が急速に増加し、大量の食料を他地域からの輸入に頼らざるを得なくなった。一七世紀初頭に西ヨーロッパで遠隔地商業によりもたらされる穀物は消費量の三％を超えることがなかったが、都市人口の増大が食料の確保を求めた。しかし、安価な穀物の供給を運賃がかさむ新大陸に仰ぐわけにはいかない。その結果、陸つづきの東ヨーロッパが供給先に選ばれたのである。

一六世紀以降東ヨーロッパ諸国は西ヨーロッパ諸都市の穀物供給地となり、従属的に西ヨーロッパのネットワークに組み込まれていたが、一七世紀になるとその傾向はいっそう強まった。東ドイツのグーツヘルシャフト（封建《ほうけん》的大農場経営）やロシアの農奴制《のうどせい》による土地支配に典型的に見られるように、東ヨーロッパ諸地域の貴族たちは領主直営地の拡大、農奴制の強化（再版農奴制）により穀物生産の増加を積極的に推《すす》め、商品として西ヨーロッパ諸都市に供給したのである。そのために、東ヨーロッパでは農場経営者である貴族の力が強まり、封建体制が温存・強化されることになった。

一八世紀になると、西欧諸国の強大化は東欧諸国に大きな刺激を与え、一八世紀初頭にピョートル一世の下でヴォルガ川流域からバルト海沿岸に中心を移し、ヨーロッパの国家の仲間入りをしたロシアをはじめ、プロイセン、オーストリアでも上からの近代化が進められ、西ヨーロッパの政治・経済システムの上からの導入が図られた。大国化したロシア・プロシア・オーストリアの三国は、一八世紀の後半になるとポーランドを三度にわたって分割し、東ヨーロッパにおける三国支配の体制を作りだしたのである。

都市の膨張と地表を覆う高速ネットワーク

都市の肥大化と再生

激増する「生産都市」

一九世紀になると産業革命は急速に進展し、ヨーロッパではドラマティックに農業社会から都市での商品生産を中心とする工業社会への転換が進んだ。蒸気機関によって動く工場は、効率的に機械を動かすために経営規模を拡大し、多くの労働者を雇用した。都市は地方から多数の労働力を吸収し、人口を集積する。都市は、マンフォードがディケンズの小説『悪い時代』の中の言葉を引用して「コークス都市」と呼んだ味気ない工業都市に姿を変えたのである。こうした転換は、それを支える穀物、石炭、工業原料を確保するためのインフラとしてのネットワークに大変動を起こし（鉄道、蒸気船の定期航路の伸長）、人類社会の大転換をもたらした。

ハンガリーの経済学者ポランニーのいうところの、「社会の中に経済が埋め込まれている」社会から「個人の意志で財、サーヴィスの生産と分配がなされ、商品の需給関係でモノの価格が調整される『自己調整的市場』を中心とする」新しい社会への移行がなされたのである。都市が地方から穀物を集めることで成り立っていた社会が、都市が地方を圧するモノを生産するようになることで劇的に変化した。都市はあらゆるモノを商品化し、自律《じりつ》した個人、企業間の自由意志にもとづく交換システムを作りだしたのである。利潤獲得の欲求、欲望の肥大化をエネルギー源としてヒト、モノ、カネ、情報が商品化する人類史の大転換が、ヨーロッパから世界へ広がっていくことになる。

そうした点から考えると、産業革命の意義は大規模生産の場である工業都市を生み出したことにあった。それによりネットワークの幹線が大きく変わったのである。畑と水の循環に依存していた穀物循環ネットワークのセンター、都市が、蒸気力と機械群を使って大量に生活必需品を生み出す物流のセンターに変わったのである。持続的なイノベーション(技術の刷新)、生活革命が続き、生活様式は激変していく。都市を核とする工業製品の循環ネットワークが幹線として人間圏の内部に張り巡《めぐ》らされていったのである。

具体的には、蒸気機関を利用した鉄道、蒸気船航路の地球規模のネットワークの出現がインフラとしてのネットワークを一新させ、大規模な工場生産、金融取引、巨大な物流、都市の過密化が新たな人的結合関係を多数誕生させ、組織としてのネットワークを変化させた。経済規模の地球化は新しいレベルで相互依存関係のネットワークを拡げ、高密度化させたのである。つまり都市本体が爆発的に肥大化すると同時に、ネットワークも地球規模で高速化、複雑化、安定化を遂げたと言える。

イギリスの都市で使用される蒸気機関の数が、一八二三年の約一万台から五五年の約四〇万台へと急激に増加していることが、都市の畑ともいうべき工場がいかに激しい勢いで増加していったのかを示している。銑鉄《せんてつ》の生産量も、一七二〇年の二万五〇〇〇トンが一八五〇年の二〇〇〇万トンに激増した。

都市はエネルギー源となる石炭、工業製品の原料、従来とはまったく異なる規模の食料を大量に集めなければ存続できなくなった。都市の性格が根本的に変化したのである。そこで問題になるのが、巨大な物流をどのように組織するかであった。イギリスでは、急激に上昇する穀物価格が議会主導の第二次囲《かこ》い込《こ》み運動を進展させ、商品としての農作物が効率的に生産されるようになるが、それだけではとても都市の急成長を支え切れなかった。世界各地からの農作物、工業原料の輸送が必要になったのである。

都市を支えるネットワーク

爆発する都市を支えるには、穀物、石炭、工業原料という「都市を支える新たな食料」が必要であり、能率的にそれらのモノを獲得するための人工的高速ネットワークの建設が不可欠となった。そこで一八三〇年代以降、イギリスでは運河、道路、鉄道の建設ラッシュが一挙に進むことになる。人工的蒸気エネルギーを使った蒸気機関車、蒸気船による高速ネットワークが、新社会を支える不可欠のインフラになったのである。

高速ネットワークが世界中から膨大な食料をかき集めなかったならば、都市の爆発は実現できなかった。鉄道、蒸気船こそが世界中に都市の爆発現象を推《お》し進め、人類社会に革命的変革をもたらす駆動力《くどうりょく》の役割を果たしたのである。産業革命は、大量生産の場としての都市を誕生させる第二の都市革命、そしてその巨大都市を支える高速ネットワークを生み出すネットワーク革命という深く連動する二つの変革を平行して推し進めたのである。それまでの自然界の力を利用するネットワークは、強力な蒸気力により一挙に広域化し、地球規模でネットワークの再編が起こったのである。

都市と新交通手段を結合するシステムを地球規模で広げ、創業者利得を手にしたのが海洋帝国イギリスだった。産業革命自体が環大西洋世界で成長を遂げた巨大市場の要求の下で起こったことを考えれば、海洋帝国イギリスが新システム創造の担い手になったことは当然であった。産業革命が、カリブ海域の綿花が運ばれた奴隷貿易の中心港リヴァプールの後背地マンチェスター（コットン・ポリスと呼ばれた）を中心に展開されたのは、そうした事情を如実《にょじつ》に物語っている。

イギリスは、機械で生産された膨大な工業製品を圧倒的な海運力により世界各地に輸出し、大量の工業原料、食料を輸入した。アメリカ合衆国の独立で一時揺らいだイギリス（第一帝国）のヘゲモニー（覇権）国家としての地位は、比較にならないくらい強固に再編されたのである。

イギリス「第二帝国」

パックス・ブリタニカという言葉があるように、世界の工場イギリスは、地球上に新たなネットワークの幹線を生み出し世界市場の形成を進めた。イギリス政府は自由貿易の旗印の下に軍事力・経済力を駆使して世界諸地域の伝統的なネットワークを再編し、世界市場として一体化したのである。工業生産力、輸送能力で圧倒的優位に立つイギリスが地球規模で実現した世界経済は、かつての世界帝国のように膨大な官僚機構、軍隊は必要とせず、効率よく余剰を経済成長にまわせたため、その力は他の世界帝国、主権国家をはるかに凌《しの》ぐようになった。イギリスは、植民地という公式帝国、移住民などからなる自治権が認められた属領という非公式帝国を持つ国家として世界に覇を唱えたのである。イギリス「第二帝国」の出現である。

世界の外洋船舶の半分を支配したビクトリア朝は、一九世紀後半期にはインド（南アジア）世界を完全な属領としたほか、諸大陸に広大な植民地をもつ大海洋帝国となった。わずか世界人口の二％を占めるイギリスが外務省、海軍省、陸軍省、植民地省、商務院などの機関を動員して、地表の五分の一以上、世界人口の四分の一を支配したのである。イギリスの利益を護るために海軍は地球規模の補給、寄港基地という、いまだかつて存在しなかった大ネットワークを海上に広げた。

また、イギリスの主産業、綿業の成長に伴う世界の変貌は、世界システムの下に従属的に組み込まれていった世界諸地域の状況を如実《にょじつ》に物語っている。合衆国南部、ブラジル、インド、エジプトなどが綿花の大量供給地になることによる社会変化、一八二〇年代から三〇年代のイギリス製機械織綿布《きかいおりめんぷ》の流入によるインド綿業の急速な崩壊などである。

そもそもイギリスの綿業は、一六六〇年代以降大量に輸入されるようになったインド産キャラコと対抗して発展した。キャラコというのは、インド西岸の港市カリカットの高級織物に由来している。そのインドの綿業が、イギリスの植民地支配の下でイギリス製機械織綿布との競争に破れて急速に衰退したのである。最大の綿業中心地であった「実りの神ダゲスワリー」の名に由来するダッカ（現在はバングラデシュ）の人口は、一八世紀末の約一五万人から一八四〇年頃の約二万人に激減している。他方、一八五〇年代には、イギリスの輸出の三分の一を綿製品が占めるに至っている。しかも、イギリスから海外に輸出される綿製品の四〇～四五%はインド向けであったのである。

二の次にされた生活環境

西ヨーロッパ諸都市が大量生産の場となり、地球規模のネットワーク・センターとして膨大な富の還流を受けるようになると、都市の規模は一挙に拡大した。イギリスを例にしてみると、一七五〇年には人口一〇万人以上の都市はロンドンのみだったが、一八三〇年にはロンドン以外に、綿業のマンチェスター、大西洋貿易の中心港リヴァプール、金属工業のバーミンガム、毛織物工業のリーズ、精糖業・タバコ工業のブリストル、綿業のグラスゴーなどが人口一〇万人以上の都市に成長した。ロンドンの人口も、一七世紀末に約五〇万人余だったものが一七五〇年には約六八万人となり、一八〇〇年には約八六万人、一九世紀には前半世紀に二・八倍の約二三〇万人、後半世紀にさらに三倍の約六五〇万人というように爆発的に増加した。二〇〇年間で、一三倍に都市の規模が拡大したのである。

産業革命後の都市の中心は、工場、倉庫、鉄道、係留《けいりゅう》ドック、運河、生産に携わる労働者の粗末な住宅群に置き換わった。都市自身が、工場と鉄道とスラムを結び付ける巨大な生産装置に変わったといってもよいかもしれない。殺風景な工場と林立する煙突、空を覆う煤煙、労働者のスラム街、廃棄物や生活用水が排出されてヘドロだらけになった川というような光景が次々に生み出された。

生産と交易が都市の中心的機能となり、ポランニーの言う「互酬《ごしゅう》」つまり相互依存体系のネットワーク、「再分配」つまり組織としてのネットワークを組み合わせた地方支配は、変容を遂げた。都市自体が穀物と交換できる膨大な商品を持つようになって都市と地方の取引が増加し、都市主導の「交換」が両者を結び付けたのである。利潤第一の経済活動が社会の駆動力となり、生活環境づくりが軽視された都市は、荒廃を伴いながら規模を拡大した。

また都市の鉄の胃袋を満たすために地方の開発も急激に進んだ。第二次囲い込みに見られるような農業の合理化が進み、生活の場を失った農民が大量に都市に流入したのである。イギリスでは、一八〇〇年に約九〇〇万人だった人口が、一九三〇年には四五〇〇万人に増加するが、その大多数は都市に吸収された。

図20　産業革命後のロンドンの雑踏

過密状態の工業都市は、低価格で都市を建設するために碁盤《ごばん》の目《め》状に市街地が区切られ、上下水道などの健康を守るのに必要なインフラは整わなかった。利潤を生み出すための工場、倉庫、鉄道などの建設が優先され、二の次にされた都市住民の生活環境は悲惨な状態にあったのである。

コレラの大流行

上・下水道施設が整わない都市はコレラなどの伝染病の温床となり、飲酒、不健康な生活習慣は住民の健康を蝕《むしば》んだ。当時の下水道は、雨水の排水溝のようなものであり、一八二〇年頃から水洗便所が普及したロンドンでは、下水溝、下水道を通じて糞尿が河川に流れ込み、テームズ川は糞尿の川と化した。生活の場としての装置が不十分で、都市の生活スタイルが未だ確立されていなかったのである。狭い空間での過密な生活が、都市住民の生命を危機に陥れた。

そこで西ヨーロッパ諸都市は、一九世紀、二〇世紀を通じて過度に人口が集中するという都市の欠陥克服のための自己改造を繰り返さなければならなかった。世界のネットワーク・センター、ロンドンを恐怖に陥れたのは、インドのガンジス川流域の風土病コレラだった。インドにつながるネットワークに乗り、死亡率五〇％といわれるコレラが非衛生で人口が密集するヨーロッパ諸都市を襲ったのである。コレラは一八三二年に最初の流行を見たが、ロンドンで約五三〇〇人、パリで約一万八〇〇〇人もの犠牲者が出た。その後も周期的にコレラの流行は繰り返され、ロンドンでは、一八四九年、一八五三〜五四年の大流行で二万人近い人々が死亡した。センターが安定しなければ、巨大な経済ネットワークは維持できない。

当時のロンドンの水道は、テームズ川の水を消毒もせずに汲み上げるという極めて不衛生な状態にあった。コレラの流行が飲料水の汚濁を原因とすることが理解されると、上・下水道を整えコレラを締め出さなければロンドンの存続は不能という認識が広まった。産業面のインフラだけではなく、生活面でのインフラがなければ、過密な工業都市は維持できないことが明らかになったのである。

コレラ大流行に教訓を得たロンドンでは一八五二年に首都水道法が制定され、ロンドン・ブリッジから三〇キロ上流で水道水を取水し濾過《ろか》することが義務づけられた。また、既存の水路をそのまま使う下水路の排泄物や生活用水が市街地を横切ってテームズ川に流れ込み、ヘドロとなっている現状をどうするかも大問題になった。あまりの悪臭のためにテームズ河畔《かはん》の国会が一時的に閉鎖されざるを得なくなった一八五八年夏の「大臭気」をきっかけに、下水道の整備も着手された。

一八七五年までに、テームズ川と平行に走る五本の下水道、三ヵ所のポンプ場、総延長一六〇キロに及ぶ下水幹線が作られ、下水はロンドン橋の約一九キロ下流でテームズ川に導かれた。都市の水の循環が、コントロールされたのである。こうしてロンドンは、人工的な基盤に支えられるようになった。また工場が吐き出す煤煙《ばいえん》も深刻で、ロンドンのスモッグは重大問題になった。一八七三年に本格的なスモッグが始まり、八〇年代から九〇年代にかけてたびたび死者が出た。それでも大都市は人間を飲み込み、ネットワークを広げて爆発的成長を続けたのである。

街灯と地下鉄

無秩序に膨張したロンドンでは、市民が劣悪な治安状況に悩まされた。さまざまな地方から多様な人々が流入して治安が悪化し、坑道のように暗くなる夜の街は恐怖に満ちていたのである。そのため、一八〇五年にペル・メル街にガス灯が出現して以来多くのガス灯会社により街灯が設置され、商店の営業時間も夜一〇時くらいまで延長された。一八八〇年頃には、早くもロンドンだけで一〇〇万個ものガス灯がつけられている。やがて一八八〇年代後半にはガス灯が電灯にかわり、ロンドンは二つの昼を持つようになった。

鉄道の普及で郊外への人口移動が進み、市域が拡大した。ロンドンは、銀行、保険、海運などの機関が集中し、純然たるオフィス街に変身したテームズ川左岸のシティ（正式にはシティ・オブ・ロンドン）と近郊（グレーター・ロンドン）のベッド・タウンの複合体に姿を変えていった。一八六五年には交通渋滞を解決するための地下鉄も開通している。

面積二・七平方キロのシティと隣接する海運街とロンバート街という金融街は、世界のネットワーク・センターとなった。巨大な物流の司令塔となったのである。ロンバート街の語源はイタリアのロンバルドであり、エドワード二世の時代にイタリアから金細工師《さいくし》、金融業者が渡ってきて定住したのが街の起源だった。海のネットワークの出入り口になる係《けい》留《りゅう》ドックの整備も進んだ。テームズ河畔に作られた最初のドックは、一八〇二年に西インド会社により建造されたものだったが、一八〇〇年代にロンドン・ドック、東インド・ドックなどの巨大なドックの建造が相次ぎ、一八五五年までに王立ビクトリア・ドックが、次いで王立アルバート・ドックが建設された。ドックには巨大な艦船が舳先《へさき》を並べ、数千人の労働者が荷役《にやく》にあたり、世界中から集められた膨大な量の商品は、大倉庫群に保管された。ドック地帯には工場、精錬所などが集まり、貧しい労働者街も集中していた。

ネットワーク革命の進展

ネットワークを高速・安定化し、地球規模の新しいネットワークをつくりだしたのが交通革命である。その結果鉄道と蒸気船により都市に膨大《ぼうだい》な食料を集積することが可能になり、都市で生産される生産物を売り捌《さば》く市場が世界各地に出現した。ヨーロッパは鉄道と蒸気船の時代を主導し、地球を覆う高速ネットワークを張り巡《めぐ》らしたが、それらは同時にヨーロッパ諸都市の世界支配を可能にするインフラとなった。人類が数千年の歳月をかけて築き上げてきたのとはまったく異質な高速ネットワークが、人類社会を主導するようになったのである。

蒸気機関車の登場

高速ネットワークの形成を可能にしたのは、ワット（一七三六―一八一九）だった。彼は蒸気機関を改良して熱効率を高め、遊星歯車《ゆうせいはぐるま》により機械の軸《じく》を回す動力源とすることを可能にした。次いで起こったのは、蒸気機関を小型化し交通手段の動力とする試みだった。荷馬車、あるいはトラム（石炭を運ぶトロッコ）を蒸気機関で動かそうという発想である。

一八〇四年、イギリスの発明家トレヴィシック（一七七一―一八三三）は、ウエールズのベニラダンで軌道式蒸気機関車の走行実験を行い、二〇～二五トンの鉱石を時速約六・四キロのスピードで一六キロ間運ぶことに成功した。彼の機関車は無理が多く実用化に失敗したが、ニューカッスル炭鉱の火夫の息子スティブンソン（一七八一―一八四八）の長い年月に及ぶ努力により機関車は日の目を見ることになった。

一八二五年にストックトンとダーリントンの間の四五キロを、スティブンソンの機関車は三五輛の客車、貨車を牽引して時速約一八キロで走破した。この鉄道は、内陸部にあるダラムの炭田から工場のある海岸地域に石炭を運ぶのに有効であった。次いで、一八三〇年には、貿易港リヴァプールと綿業の中心地マンチェスター間の四五キロを時速四〇キロで走る最初の実用的な鉄道が開通している。鉄道会社が、レール、駅舎、トンネル、鉄橋などの装置をすべて建設・管理し、新しい人工的ネットワークを軌道に乗せたのである。鉄道開通後の三年間に、一日につき平均一一〇〇人のヒトが運ばれ鉄道は大成功だった。当時、リヴァプールとマンチェスターの都市を結ぶ道路を走っていた駅馬車をすべて動員しても、輸送できるヒトの数は一日七〇〇人にすぎなかったという。スピード面でも、鉄道は郵便馬車の三倍の速度だった。

地球を覆う鉄道網

鉄道建設は一大ブームとなり、二〇年あまりたった五〇年代初頭には鉄道網がイギリス全土を覆い、ロンドンをハブ（中心）とする鉄道のネットワークができあがった。鉄道の総延長キロ数は、一八四五年の三二七七キロから一八五五年の一万三四一一キロへと一〇年間で四倍に増加している。

イギリスの建設技術と建設資材が各国に輸出され、鉄道建設の波はヨーロッパ大陸に急速に波及した。一九世紀には、世界の石炭と鉄の過半がイギリスで生産されていたことと、鉄道建設が世界規模で広がったことは無関係ではない。各国が鉄道建設に熱心だったのは、国内の商業・交通網を再編し、国内市場の統一、国民国家（ネーション・ステート）の形成に役立ったからにほかならない。

植民地では、内陸部から港に向けての鉄道建設が急速に進み、工業原料や食料を港から西欧へ、西欧の工業製品を港から内陸部へと運ぶのに役立てられた。鉄道建設により植民地からの収奪は、飛躍的に強化されたのである。たとえばインドでは、イギリス人の手で早くも四〇年代にはインドに鉄道を敷設《ふせつ》する会社がつくられ、五三年には鉄道建設の大枠が決定され、六〇年代には一大建設ブームが起こった。一九〇二年のインドでは、イギリ

図21　インドに建設された鉄道橋

ス本国の総延長キロ数三万六八〇〇キロを凌ぐ、四万一六〇〇キロの鉄道が建設されるに至っている。しかし、インドの鉄道は、港湾から内陸部に向けて伸びる特殊な鉄道であり、軌道の幅もまちまちで一体性を持つネットワークを形成するには至らなかった。旧植民地の歪《ゆが》んだ鉄道路線は、西欧諸国に従属させるために再編された植民地のネットワークの姿を具体的な形で示している。

　世界各地域の鉄道敷設距離を比較すると、六〇年から九〇年にかけて、ヨーロッパは五倍、北アメリカは六・五倍、ラテン・アメリカは六六・三倍、アジアは四一・四倍、アフリカは三六倍となり、世界システムの周辺部で急速に鉄道建設が進んだことが理解できる。

　世界規模で広がった鉄道建設の波は、レール材の需要の急増というかたちで、イギリスからの鉄の輸出を促進した。一八五〇年代にイギリスで生産された鉄の四〇％近くが、海外輸出向であったとされる。世界中に鉄道ネットワークが拡大するなかで、技術面と資材面でその普及を支えたイギリス産業は、大きな利益を享受したのである。

実用化が難しかった蒸気船

世界規模のネットワーク再編を考えるとき、鉄道網よりもさらに重要な意味を持つのが、風力に関係なく大洋を航行できる蒸気船を用いた新航路の形成だった。物資輸送の規模からみれば、蒸気船ネットワークが果たした役割は極めて大きいのである。

蒸気機関車とほぼ同時期に、蒸気船は着想されていた。一八〇七年にアメリカ合衆国のフルトン（一七六五—一八一五）は、外輪式《がいりんしき》蒸気船のクラーモント号（船長四五メートル）を造り、時速八キロの速度（約四・三ノット）でハドソン川のニューヨークからオルバニーまでの二四〇キロを三二時間で遡行《そこう》させた。この距離は、従来の帆船で航行した場合には、四日間が必要であり、大きな進歩であった。イギリスでも、一八一二年にヘンリー・ベルの旅客汽船コメット号がクライド川で就航《しゅうこう》している。

その後、一八一九年に木造、外輪船のサヴァンナ号は、二九日間で大西洋を横断し綿花をイギリスにもたらした。しかし、この船はもともと帆船《はんせん》で、一定期間蒸気機関を使用したに過ぎず、蒸気力だけで大洋を渡ったわけではなかった。

一八三〇年代以降、大西洋航路のキュナード会社、太平洋航路の太平洋汽船会社、東洋航路のP&O会社が設立され、大陸を結び付ける海運業が本格化していく。そうしたなかでブリストルと合衆国のニューヨークを結ぶ定期蒸気船航路の開発をめざすイギリスの造船技師ブルーネル（一八〇六―五九）は、優れた蒸気船を次々と建造し、海運業を成長させるのに貢献した。一八三八年には、彼が建造した一三四〇トンの蒸気船グレート・ウェスタン号がイギリス・アメリカ汽船会社が大西洋横断用に改造した七〇〇トンのシリウス号と大西洋横断の競走をし、前者は一五日間、後者は一八日間で大西洋を渡り切った。しかし、グレート・ウェスタン号の乗客はわずかに七人で、とても採算がとれる状態ではなかった。蒸気船は大量の石炭を積載しなければならず、安全運航の面でも信頼が得られなかったのである。途絶《とだ》えることのない自然界の風を利用する航海の方が安心と思われていた。

次いでブルーネルは、スクリューを動力とする遠洋航海用の鋼鉄船グレート・ブリテン号（三六一八トン、乗客定員三六〇人）を造った。しかし不運にもグレート・ブリテン号は、一八四六年にアイルランド沖で座礁《ざしょう》してしまい、心配を実証するような結果になってしまった。

アジア方面では、一八三九年にイギリスからインドのカルカッタに向けてクイーン・オブ・ザ・イースト号（二六一八トン）による定期航路が開かれたが安定しなかった。イギリスが本格的にアジアに向けて定期航路を開いたのは、アヘン戦争後の一八五〇年代初頭だった。世界市場をつくりあげるには、膨大な物資を能率的に運ぶ蒸気船の定期航路が必要になってきたのである。

そうした経済界の要請を受けて、イギリスのＰ＆Ｏ社は、①イギリスとカルカッタ、②カルカッタとシンガポール、香港《ホンコン》、③ボンベイ（現在のムンバイ）とセイロン（現在のスリランカ）、シンガポール、香港、④シンガポールとオーストラリア、⑤香港と上海《シャンハイ》、の諸航路を拓《ひら》いた。ヨーロッパ、インド、中国が蒸気船の定期航路で本格的に結ばれるようになったのである。セポイの反乱（一八五七～五九年）でインドがイギリスの植民地となり、アロー戦争に敗北した清《しん》帝国が世界市場に組み込まれた時期にあたっていた。

エンパイア・ルート

一八六〇年代になると、木造船にかわって効率の良い鉄造船の使用が進み、外輪船がスクリュー船に代わり、高圧の船舶用蒸気機関（連成機関と触面凝結《しょくめんぎょうけつ》器《き》）の採用によるエンジンの改良も進んで、燃料費が六〇％も節約されるようになった。ヨーロッパとアメリカを結ぶ定期航路だけでなく、ヨーロッパとアジアを結ぶ定期航路も軌道に乗ることになった。明治維新《めいじいしん》の二年前の一八六六年には高圧の蒸気機関を備えた蒸気船が、喜望峰《きぼうほう》経由でロンドン・上海間を八〇日足らずで航行している。中国から一番茶を運んだ快速帆船ティー・クリッパーよりも二〇日間も短い日数でイギリスと中国がつながれたのである。

しかし、蒸気船は大量の石炭を必要としたために、石炭の補給基地、船舶修理工場などを海のネットワークの要地に配置しなければならなかった。人工的高速ネットワークとして航路が機能し得るように、既存の海のネットワークを作り替えなければならなかったのである。特にヨーロッパからアジアに至るネットワークでは、アジア、アフリカに良質の石炭を産出する場所が少なかったために、喜望峰を越えて帆船で大量の石炭をヨーロッパから補給基地に運ばなければならなかった。エネルギー源の石炭は、まだ帆船により補給されていたのである。

ネットワークの維持には広大な海域の治安も必要で、強大な海軍力がその担い手となった。幹線ネットワークの形成に付随して、ローカルな海域ネットワークや河川のネットワークにも蒸気船が普及し、諸地域の鉄道と結び付いていくことになる。

イギリスが築いたヨーロッパからアジアに至る海のネットワーク上の補給基地を見てみると、ポルトガルのリスボン、ジブラルタル海峡に面したジブラルタル、地中海中央部の要衝《ようしょう》マルタ島、コルフ、イスタンブール、サイロス島、スミルナに石炭補給基地が設けられ、紅海《こうかい》とつながるエジプトのスエズに至った。

スエズからは、紅海を経由して涙の門海峡（バーブ・エルマンデブ海峡）に面したアフリカのペリム（一八五七年）、アデン湾最大の石炭補給基地、イギリス海軍の常駐基地のアデン（一八三九年）、アラビア半島のクリアムリア諸島（一八五四年）、インド西岸のボンベイ（現ムンバイ）、ベンガル湾に睨《にら》みをきかす海軍基地も置かれていたセイロン島のツリンコマリー、インド東岸のマドラス、カルカッタ、インドシナ半島のペナン島、マラッカ海峡の要衝シンガポール、良質の石炭が発掘されたラブアン島（ボルネオ島の北部沿岸）、東インド艦隊の中心基地の香港、上海に石炭補給基地が置かれた。

特に自由貿易港シンガポールは、アジアの商船を集中させ、イギリスのネットワークの結節点になった。一八四〇年に人口三万五〇〇〇人を数えたシンガポールは、イギリスの非公式帝国のセンターとして位置づけられた。アヘン戦争後の南京条約《なんきんじょうやく》（一八四二年）でイギリスが獲得した香港も、シンガポールと同様にヨーロッパの資本主義の中国への入口として位置づけられた。ヨーロッパから伸びる海のネットワークは、香港からの多様なネットワークを経て中国経済への浸透を図ったのである。厦門《アモイ》、上海にも同様の位置づけがなされた。上海には、長崎から石炭が運ばれた。このような石炭補給基地によって支えられ、多数の中継港をつなぐ長大なネットワークがイギリスに繁栄をもたらしたエンパイア・ルートである。

膨張するヨーロッパ貿易

蒸気船による地球規模のネットワークが広がるなかで、起点となるヨーロッパの貿易港もハブ化（中枢化）の道をたどった。船の積載量が増え喫水《きっすい》部分が増すにつれて、水路、埠頭《ふとう》の浚渫《しゅんせつ》、荷揚げのための起重機《きじゅうき》、多数の荷揚げ従事者、倉庫群、市場、ドック、鉄道との連絡などが必要になった。巨大なハブ港が登場したのである。ロンドン、ニューヨーク、リヴァプール、アントワープ、ハンブルグなどが、地球規模の海のネットワークのセンターとなった。

蒸気船のネットワークにより、ヨーロッパへの食料・原料の輸出が増加して世界の総貿易量は飛躍的に拡大し、巨大都市が激増する条件が生み出された。地球上に太い物資輸送の高速ネットワークが伸び、膨大な食料が地球上を移動した。一八五〇年代の四〇〇〇万トンから八〇年代の一八〇〇〇万トンへと食料の貿易量は増加したが、大部分はヨーロッパ向けであり、世界各地の食料がヨーロッパ人口の激増と都市の肥大化を支えたのである。

明治維新がなされた一八六〇年代は帆船から蒸気船への転換期であり、一八六八年から七九年の一〇年間で海上輸送費は半減した。西ヨーロッパ諸国の工業製品は蒸気船、鉄道を接続させたネットワーク上を世界規模で輸送され、世界各地の伝統的手工業を衰退させ、生活様式を大きく変化させた。他方で、世界各地から大量の食料、嗜好品《しこうひん》、衣料原料などが西ヨーロッパ諸国に流れ込み、西欧の生活様式も一変する。

一八六九年になるとスエズ運河が開通し、アメリカ合衆国で大陸横断鉄道が完成したことで高速ネットワークは陸・海を結んで地球を一周した。一二万人の労働者の犠牲で完成したスエズ運河は、アフリカの南端、喜望峰を迂回《うかい》せずに地中海と紅海、インド洋をつなぐ道筋を、ヨーロッパとアジアを結ぶ幹線ルートに変えた。イギリスのリヴァプールからインドのボンベイ（現ムンバイ）に至る距離は、一万七〇九〇キロから九九六〇キロへと半減した。時間が短縮された分だけ、ネットワークの結び付きは強くなり貿易量が増えたのである。大陸横断鉄道は、大西洋のネットワークを太平洋海域に接続した。

人と食料の大規模な移動

西ヨーロッパを中心とする蒸気船ネットワークが地球規模で広がるなかで、世界の商船トン数は、一八四〇年の六七〇万トンが、一八六〇年の一二八〇万トンへと一・九倍に、一九一三年の四三〇〇万トン（一八四〇年の六・四倍）へというように激増した。こうした貿易量増加の背景には、瓶詰、缶詰、冷凍輸送、低温殺菌による食品保存技術が開発され、オーストラリア、ラテン・アメリカなどからの冷凍肉をはじめ、世界の各地から多様な食料品がヨーロッパに集中し、食生活に革命的な変化が生じたことがあった。

アメリカ合衆国の人口が主にヨーロッパからの大量移民により一八〇〇年の約五〇〇万人から一九三〇年の約一億二三〇〇万人へと激増していることからもわかるように、ヨー

表1　16世紀以降の西欧諸国からの移民

民族	移住先	規模（人）
スペイン人	南アメリカとアンティル諸島	200万～300万
ポルトガル人	ブラジル	100万
フランス人	カナダ	2万未満
イギリス人	カナダ	175万
ドイツ人	北アメリカ	20万
スウェーデン、オランダ人	北アメリカ	?
アフリカ人（奴隷売買）	アメリカ大陸など	800万

ギ・リシャール監修，藤野邦夫訳『移民の一万年史』新評論　56ページより

ロッパの新経済システムで生活の場を失った多くの貧困層が、人口が希薄《きはく》なアメリカ合衆国、カナダ、オーストラリア、南アメリカ、アフリカなどに移住し、土地の大規模開拓と大量の穀物、家畜、商品作物の生産に従事した。大農場、大牧場がヨーロッパから遠く離れた「周辺」につくられ、鉄道、蒸気船などの高速ネットワークを通じて大量にヨーロッパに運ばれて、ヨーロッパの都市人口の膨張を支えたのである。

都市が高速ネットワークと食品保存技術を活用し、地球規模で自らに従属する地方を誕生させることに成功したのである。ヨーロッパに同質化されたアメリカ合衆国、カナダ、オーストラリアなどだけではなく、インド、中国などの伝統的な文明を有する地域も、ヨーロッパ経済にリンクされ、地球規模の商品連鎖の中に組み込まれていった。

こうした巨大開発は、大規模な自然破壊につながった。地球規模の高速ネットワークに支えられた都市群の肥大化は、人間圏を未曾有《みぞう》のかたちで強化させたのである。そうしたことから、一九世紀は地球規模での未曾有の自然破壊の世紀となった。森林は伐採されて畑に変えられ、北アメリカの野牛などの多くの野生動物が絶滅し、海の世界では油をとる目的でマッコウクジラ、セミクジラなどが大量に捕獲されて激減した。

砂糖、茶、コーヒー、ココアなど多様な産物がヨーロッパに集中し、彼らの生活を変えた。たとえば、イギリス人の茶の消費量は、一八四〇年代の一人当たり一・五《ポンド》から一八九〇年代の五・七《ポンド》と約四倍に増加している。

姿を現す新しい世界

変化を強要されたアジア

新技術と新システムで武装したヨーロッパ勢力の進出（ウエスタン・インパクト）に直面したアジアの伝統的社会では、一九世紀後半に大きな変化が現れた。膨張を続けるヨーロッパは高速ネットワークを活用し、その圧倒的な軍事力、経済力によりアジア諸地域が世界システムに組み込まれることを求めたのである。ヨーロッパが鉄道、電信、蒸気船などを地球上に張り巡《めぐ》らすには、アジアの伝統的社会を変容させることが先決になった。

産業革命後のイノベーション（技術革新）により高性能化された火器、安価で性能に優れた工業製品、地球規模の地理的知識、新産業・社会システムなどを武器に、ヨーロッパ諸国のアジアへの進撃が始まったのである。文明、自由、進歩がヨーロッパのプロパガンダ（主義の宣伝）の核になった。強烈な摩擦《まさつ》を生じながら、アジア諸地域は世界システムのなかに組み込まれていく。伝統に固執《こしゅう》したり、西ヨーロッパの理念・システムを部分的に取り入れたりする動きもあったが、アジアの伝統社会の変容は拒《こば》みようがなかった。ナショナリズムと新システムへの転換の視点からとらえられてきた一九世紀のアジア社会を、鉄道、蒸気船航路の伸長による伝統的ネットワークの変容過程として読み直す必要がある。

西アジアでは、イスラーム法によるオスマン帝国の社会システムが揺ぎ、西ヨーロッパ諸国からのナショナリズムの影響でバルカン半島、エジプトで帝国からの分離を求める動きが強まった。特にフランスの支援を受けたエジプトのムハンマド・アリー（一七六九―一八四九）が近代化に成功し、トルコ本国を凌《しの》ぐ軍事力を持つようになったことがオスマン帝国を内部から揺さぶる最大の要因になった。

そこで、帝国を強化させるために一八三九年、スルタン、アブデュル・メジト（在位一八三九―六一）が、タンジマート（恩恵改革《おんけいかいかく》）という上からの体制転換に踏み切った。しかし、旧システムを存続させながらの改革は支配層内部に深刻な対立を生み出し、形式的な新システムの導入は帝国の危機を進行させていった。

バルカン半島での民族運動の激化、ヨーロッパ諸国の侵略、一八五四年以降の二〇年間に一七回もの借款がオスマン帝国を追い詰め、システムは機能不全に陥っていった。三大陸にまたがるオスマン帝国の大領域は、ヨーロッパの多様なネットワークにより蚕食《さんしょく》され、れたのである。紆余曲折《うよきょくせつ》はあったものの第一次世界大戦後にオスマン帝国は解体され、現在その領域は三二の国民国家に分割され、世界システムに組み込まれた。

南アジアのネットワークは、セポイの反乱（インド独立戦争、一八五七〜五九年）が挫折《ざせつ》するなかでイギリスの植民地（インド帝国）として再編された。東南アジアでも、タイを除く諸地域は植民地として、ヨーロッパ諸国のシステムに組み込まれた。タイでは、バンコク朝のモンクット王（ラーマ四世、在位一八五一—六八）、チュラロンコン王（ラーマ五世、在位一八六八—一九一〇）による西欧システムの導入がなされ、柔らかいかたちで世界システムに加わった。

東アジアでは、日本で明治維新の変革により幕藩体制《ばくはんたいせい》が倒され、国民国家の導入が上から進められた。自由貿易を旗印《はたじるし》にネットワークの拡大を図るヨーロッパ勢力の圧迫を受けて、アヘン戦争以後に清《しん》帝国のシステムは動揺したものの、依然冊封体制《さくほうたいせい》による東アジア国際秩序は持続していた。しかし、日清戦争（一八九四〜九五年）の敗北により清帝国の弱体ぶりが白日《はくじつ》の下《もと》に晒《さら》されると分割の動きが一挙に顕在化し、中国は危機的状況に陥った。

清帝国内部にも国民国家の導入をめざす動きが現れたが、新システムに対する理解が不十分であったり、伝統の力が強すぎたりした結果、旧来の帝国システムから脱却《だつきやく》することができずに危機は進行した。結局、辛亥革命《しんがいかくめい》（一九一一〜一二年）により清帝国は倒壊したが、ヨーロッパ列強と結び付いた軍閥によるネットワークの分断支配がそれに続いた。世界システムに組み込まれるなかで、中国のナショナリズムは、清帝国の領域を下敷きに国民国家を形成する方向に向かった。中国では、現在も清帝国という世界帝国の領域を国民国家に転換しようとする試みが持続されている。

「大陸国家」アメリカ

アメリカ合衆国は、一九世紀におけるヨーロッパのネットワークを膨張させる動きの最前線だった。狩猟・採集民が生活する生物圏を大規模に人間圏に組み替えながら合衆国は膨張を続けた。それを加速化させたのが、大規模な鉄道建設である。高速ネットワークが、短期間に大陸国家を作りあげたのである。

独立当初の合衆国は、一三州（植民地）と一七八三年のパリ条約で獲得した五大湖以南、ミシシッピー以東のルイジアナからなっていたが、一八〇三年にフランスからミシシッピー川からロッキー山脈に至るミシシッピー以西のルイジアナを六〇〇〇万フラ ンで購入し、領土は倍加した。しかし、一八一五年の合衆国人口は僅《わず》かに八四〇万人ほどであり、しかも人口二五〇〇人以上の都市に居住する者は人口の一〇％に満たないという、典型的農業国だったのである。

一八二〇年代から四〇年代にかけて西漸《せいぜん》運動が進み、フロンティア・ラインはしだいに西方に移動した。西部に畑と町を作りネットワークを広げることが、合衆国成長のエネルギーになったのである。最初は、開拓者の幌馬車隊《ほろばしゃたい》が踏みならした街道（トレール）が西部へのネットワークの幹線だった。四〇年代にはミズーリ州のインディペンデンスからオレゴンに至る約三二〇〇キロ、六ヵ月の行程のオレゴン・トレールが中心だったのである。四一年になると、オレゴン・トレールのアイダホからカリフォルニアに向かうルートが分岐した。西部の人口希薄《きはく》な未開拓地帯（一平方マイルに、人口二人以上六人以下の地域）をフロンティアというが、フロンティアの拡大を明白な神意（運命）と考える者が多く、年間三〇〇〇人から五〇〇〇人が西部に向かったのである。

一八四五年にテキサスを併合し、米墨《べいぼく》戦争後のガダルペ・イダルゴ条約でカリフォルニア、ニュー・メキシコに領土を拡大した後、一八四八年にカリフォルニアで金鉱が発見されると、米墨戦争後の不景気に沈んでいた東部の人々（フォーティナイナーズ）約一〇万人は、陸路と海路から大挙してカリフォルニアに押し寄せ、一寒村にすぎなかったサンフランシスコは、たちまちのうちに大都市となった。急激に成長する西部では、自由人成年男子の人口が五〇〇〇人に達すると准州《じゅんしゅう》を組織し、六万人に達すると州を組織することを認めた北西部（領有地）条令にもとづいて准州・州が成立することになり、新州を巡る南北の対立が激化した。五〇年代は移民の西部移住がいっそう進展するが、五三年には南部に大陸横断鉄道を建設する目的でメキシコからガズデン地方の購入がなされた。こうして領土は建国当初の四倍になった。

カリフォルニアを支配することにより、太平洋に航路を開けば地球を四分の一周するだけで中国に到達できることが明確になった。それまでは、東に向かって大西洋を横断し喜《き》望峰《ほうほう》を回り、インド洋経由で地球を四分の三周しなければアメリカから中国には行けなかったのである。しかし、太平洋は広大な海域であり、当時の蒸気船では途中で石炭を補給せずにサンフランシスコから上海に到ることは不可能だった。太平洋上の島々がネットワーク形成の鍵になった。ペリーの日本遠征の目的は、合衆国の中国に至るネットワーク維持に不可欠な石炭補給基地の確保に目的があったとされる。それは同時に、当時の合衆国の主力産業だった捕鯨《ほげい》の補給基地ともなった。そのように考えると日本の開国も蒸気船による太平洋ネットワークの形成と深いかかわりを持っていたのである。

新興工業地域アメリカ

合衆国が、世界有数の大国に成長する契機となったのが南北戦争だった。大規模な内戦に勝利した北部諸州は、大量移民の受け入れ、西部の大規模開発、南部諸州の支配、工業の育成により合衆国をデザインし直していく。

一八六〇年に共和党の漸進《ぜんしん》的奴隷制廃止論者リンカーンが合衆国の第一六代大統領に当選すると、南部七州は連邦を離脱して一八六一年に第二の合衆国（アメリカ連合国）を結成し、離脱を認めない合衆国との間に南北戦争（一八六一〜六五年）を起した。南部のチャールストン港にあった合衆国のサムター要塞《ようさい》が南部軍の三四時間の砲撃により陥落した際に、リンカーンが援軍を送ったことから戦端が開かれ、四年間に及ぶ大規模な内戦になったのである。連邦離脱側一一州（人口九〇〇万人、そのうち奴隷三五〇万人）と連邦側二三州（人口二二〇〇万人）の戦いであった。

リンカーンは、開戦とともに五五〇〇キロに及ぶ南部の海岸線を封鎖して、ヨーロッパに対する依存度が強い南部に大きな打撃を与える一方で、一八六二年にホームステッド法（自作農創設法）を制定して二一歳以上の男性戸主に手続き費用のみで広大な農地を分譲することを認めて西部の農民を味方につけ、一八六三年には奴隷解放宣言を出して内外の世論を味方につけた。一八六三年には南北戦争の最大の激戦ゲティスバーグの戦いが戦われ、以後は北軍が優位に立った。一八六五年にアメリカ連合国の首都リッチモンドが陥落し、両軍併せて約二五〇万人の兵を動員し、約六二万人（連邦側約三六万人、離脱側約二六万人）の死者を出した大規模な内戦は終わった。

南北戦争が開始された時点で、アメリカ合衆国にはすでに四万八〇〇〇キロの鉄道が敷設されていたが、三分の二は北部に集中していた。戦前、南北双方にカリフォルニアに向けての鉄道建設計画があったが南北戦争で挫折《ざせつ》し、重工業の成長を背景にして戦後に大陸横断鉄道の建設が開始された。大陸国家の骨格をなす高速ネットワークの建設である。大陸横断鉄道は、太平洋に至る動脈と位置づけられパシフィック鉄道と名付けられたが、一八六一年にカリフォルニアで創設されたセントラル・パシフィック鉄道と、一八六二年に北部で創設されたユニオン・パシフィック鉄道がサンフランシスコとオマハから工事を進め、一八六九年五月に現在のユタ州のプロモントリー・ポイントで両鉄道が結ばれることで大陸横断鉄道は完成した。

以後鉄道建設は、急速な西部開拓とアメリカ経済成長の原動力になった。合衆国政府は鉄道法を改めて、鉄道会社に鉄道沿線の広大な国有地や鉱業権を無償で与え、難工事には多額の助成を行った。その結果、鉄道会社は国策に乗り巨大産業へとのし上がった。一八六五年から九〇年にかけて、鉄道の総延長距離は五万六〇〇〇キロから二一万キロと五・七倍に増えたのである。

南北戦争以後のアメリカ合衆国では、平均四七%の高率の保護関税、鉄道産業の急速な成長（一八九〇年までに六倍）、大陸横断鉄道の完成（一八六九年）による西部への移民の増加、西部市場の拡大、南部への北部資本の進出、海外からの移民の大量流入などで工業が著しく成長した。一八二〇年代に一四万人余であった移民は、その後急増し五〇年代には約二六〇万人を数えたが、六〇年から九〇年までの期間には一〇三七万人余を数え、九〇年にフロンティアは消滅した。東部の巨大都市も安価な労働力として利用できる移民の流入で膨張した。一九〇〇年のニューヨークの人口の四一％、ボストンとシカゴの人口の三五％が外国生まれであったことが、それを示している。

この時代は、『トムソーヤの冒険』などの小説で有名なマーク・トゥエイン（一八三五―一九一〇）が、上院議員の秘書をした自らの体験をもとに、政治家の虚栄と腐敗を描いた『金メッキ時代』（一八七三年）という小説をもとにして金メッキ時代といわれる。「大統領から牧師までがビジネス・マン」になったといわれる経済成長と虚飾《きよしょく》の時代の喧噪《けんそう》のなかで、合衆国のネットワークが整えられていったのである。

一八六〇年から九〇年にかけて合衆国の工業生産は三倍となり、一八九〇年代にアメリカ合衆国はイギリスを抜いて世界第一位の工業国となった。一八六〇年に国民総生産の六割が農産物であったものが、一九〇〇年には二割へと低下したのである。一九世紀末までには長大な四本の大陸横断鉄道が大西洋岸と太平洋岸を結ぶようになってフロンティアは巨大な生産の場に変わり、世界システムの強靭《きようじん》な成長力を持つ前線になった。ところで広大なネットワークを規律正しく動かす大鉄道会社は、軍隊的なシステムによりはじめて維持が可能だった。この鉄道会社からビッグ・ビジネスという二〇世紀の新しい企業形態が姿を現してくることになる。

海洋帝国への転換

一八九〇年にフロンティアが消失すると、合衆国では鉄道建設中心の経済成長路線を転換させることが必要になった。大陸の東と西をつなぐ鉄道ネットワークを、太平洋の海のネットワークに結びつけ、地球上の陸地がすべて入ってしまう巨大な海域、太平洋にネットワークを築き上げることがめざされたのである。植民地の開拓以来、四世紀にわたって続いてきた合衆国の歴史の大転換点であった。

消失したフロンティアに代わる海のフロンティアの開発を明確なかたちで説いたのが、一八九〇年に『海上権力史論《かいじょうけんりょくしろん》』を書いたアルフレッド・マハン（一八四〇—一九一四）だった。合衆国は、大西洋と太平洋をつなぐ地政学的な位置を活用して海洋帝国への道を歩まなければならないというのがマハンの主張である。さらなるネットワークの拡張であった。

合衆国にとって、大西洋と太平洋という二つの大洋をつなぐカリブ海域の支配と新運河の建設が新たな課題になった。カリブ海は大西洋と太平洋という二つのオーシャンを結び付ける内海だったのみならず、南北アメリカの中間に位置し、合衆国の東部と西部の間の中継海域にあたっていた。合衆国は、徹底してカリブ海の内海化を図ることになる。

膨張主義者として知られる第二五代大統領マッキンレー（在任一八九七―一九〇一）は、スペインの植民地キューバで反スペインの反乱が起こると、ハバナ港に最新鋭艦メイン号を派遣した。一八九八年二月に同船が謎の撃沈をとげ乗員二六六人が死亡すると、アメリカ国内ではハーストやピュリッァーが経営するイエロー・ペーパー（扇情的記事を多く扱う新聞）が「メイン号を忘れるな」のキャンペーンを張り、スペインがメイン号を沈没させたという確たる証拠がないまま合衆国はスペインに宣戦した。

一八九八年の米西戦争で、合衆国軍はキューバのスペイン軍を攻撃する一方で、香港を拠点とする太平洋艦隊がスペイン植民地フィリピンを攻撃し、マニラを占領した。戦争は、わずか四ヵ月で合衆国の圧勝に終わり、スペインはキューバ独立を認め、プエルトリコ、グアム、フィリピンを合衆国に割譲した。また、米西戦争中の一八九八年に合衆国はハワイを併合する。一九世紀末に合衆国はカリブ海域を確保したのみならず太平洋上に点々とネットワークの基地を確保し、東アジアへの進出を本格化させた。中国に経済進出するためのネットワークの形成である。

米西戦争後、パナマ地峡《ちきょう》に運河を建設する計画が現実化した。米西戦争の際にサンフランシスコからカリブ海に回航した戦艦オレゴン号が、マゼラン海峡を経由して六八日間もかかってやっとカリブ海にたどり着いたことも、運河建設の必要を痛感させた。

パナマ運河は、すでに一八八一年にフランス人レセップス（一八〇五―九四）により着工されていたが難工事のために建設会社は破産し、工事は失敗に終わっていた。合衆国は運河建設の権利を買い取り、コロンビアに建設予定地の租借《そしやく》を求めた。コロンビア議会が代償の嵩上《かさあ》げを求めると合衆国はパナマ州の地主の反乱を助け、一九〇三年にコロンビアからパナマ共和国を独立させる。その後パナマ共和国から運河の工事権、運河地帯の租借権を獲得し、合衆国は一九〇四年に運河建設に着工し三億七五〇〇万ドルの巨費を投じて、一〇年後の一九一四年に全長八〇キロ、閘門《こうもん》式のパナマ運河を完成させたのである。その結果、アメリカ合衆国の東部と西部は海運の太いパイプでつながることになり、合衆国の太平洋海域、アジアへの進出が本格化した。ニューヨークとサンフランシスコ間の距離は、約二分の一に縮小されたのである。

飲み込まれる太平洋海域

広大な太平洋海域は、一八世紀にジェームズ・クック（一七二八―七九）の三度の探検でその全容が明らかにされていたが、ネットワーク・センターのヨーロッパからは遠く隔てられた海域だった。合衆国は、カリブ海、パナマ運河からハワイ諸島、グアム島、フィリピン群島へと補給基地と海兵隊に守られるネットワークを伸ばした。イギリスを手本にして、東からアジア海域へと進出しイギリスの覇権《はけん》を脅《おびや》かす存在となったのである。

他方、イギリスは大西洋航路と一八八六年に営業を開始したカナダ太平洋鉄道（カナダの大陸横断鉄道）をリンクさせ、カナダ西岸のヴァンクーヴァーを起点に、①横浜、神戸、上海、香港に至る、②ホノルル、ニュージランドのオークランド経由でオーストラリアのシドニーに至る、という二つの太平洋横断航路を開いた。スエズ運河を経由して中国に至る航路と太平洋横断航路が上海でリンクするようになったのである。こうした地球一周ネットワークは、イギリス経済の大動脈となった。

オーストラリアはアメリカ植民地の独立で失われた流刑《るけい》植民地の代替《だいたい》とされ、一七八八年からイギリス人の入植が始まった。オーストラリアの流刑植民地は、一八四〇年まで継続的に利用された。その間、南西部の海岸地方から始められた羊毛産業は一九世紀半ばになると隆盛を極め、イギリスが輸入する羊毛の四〇%を占めるに至った。一八五一年から一〇年間は、新たにゴールドラッシュが続き、中国人労働者などが大量に移住して鉄道建設が進んだ。オーストラリアでもネットワークの形成と都市の成長がみられたのである。

「無主の地」と見なされたアフリカ

多くの部族集団が緩《ゆる》やかなネットワークによって結び付き自立性が保たれていたアフリカ大陸でも、ベルリンで開かれた西アフリカ会議（一八八四〜八五年）の後、急速に植民地化が進んだ。それまでアフリカは沿海部が世界システムに組み込まれていただけだったが、機関銃をはじめとする優れた武器でヨーロッパ諸国は、わずか二〇年間で日本の八二倍もの面積をもつアフリカを分割し尽くしてしまったのである。

西アフリカ会議で、アフリカは無主の地であり、一定地域に最初に支配体制を確立し、占有を宣言した国がその土地を支配できるという合意（先占権《せんせんけん》）がなされたことが、分割が急速に進んだ理由だった。ヨーロッパ諸国は、縦断政策をとるイギリス、横断政策をとるフランスを中心に雪崩《なだれ》をうってアフリカに殺到したのである。アフリカは切り刻まれ、ヨーロッパの宗主国《そうしゅこく》のネットワークに組み込まれた。ヨーロッパ諸国の拠点都市が建設され、道路、運河とならび鉄道という高速ネットワークが一挙に建設されていったのである。

ロシアもフランスの資本を導入しながら、一八九一年にシベリアのタイガ（大森林地帯）を横断してロシア中心部と結び付けるシベリア鉄道の建設に着手した。ユーラシアを東西につなぐ陸の帝国ロシアの大動脈となるシベリア鉄道は、二〇世紀初頭に完成をみた。その結果、シベリアのロシア化が急速に進んだのである。

一九世紀後半の「新しい波」

老朽化するイギリス

一九世紀末の新しい技術革新の波（第二次産業革命）と新経済システムの登場による経済の変容、保護貿易の台頭による自由貿易主義の動揺で、パックス・ブリタニカといわれたイギリスの繁栄の土台、工業上の絶対的優位は崩れた。合衆国、ドイツなどが新興工業国として台頭し、イギリスを凌《しの》ぐようになったのである。イギリスは産業構造を柔らかく改革することに失敗し、優位を取り戻すことはできなかった。同様の現象が二一世紀初頭には東アジアでも展開されており、中国、台《たい》湾《わん》、韓国などの急激な日本型経済の成長を前に日本経済は苦悩の度を深めている。

合衆国・ドイツは国家の保護下に産業を育成し、新技術体系、新たな企業経営・資金調達方法の導入などにより急速に経済規模を拡大して、イギリスを追い越した。イギリスの経済成長率は、一八六〇年代の三・六%から七〇年代の二・一%、八〇年代の一・六%へと低下していく。それに対して、七〇年代から一九一四年にかけてのドイツ、合衆国の経済成長率は約五%と高率であった。

新技術体系への移行に遅れ、賃金水準が高かったことで国際競争力を弱めたイギリスは、それまで蓄積してきた豊富な資金と海上輸送料、保険料収入、対外投資収益などを利用しての生き残りを図り、安価な労働力と資源に恵まれたカナダ、オーストラリア、インド、合衆国、ラテン・アメリカ諸国などの広大な植民地・勢力圏に積極的に資本を輸出して、金融大国としての経済再生を図った。一九一四年当時の世界の海外株式投資の四三%を、イギリス人が保有していたという。フランスもロシア、東欧、ラテン・アメリカ諸国に資本を輸出し、金融大国への道を歩むことになる。

一九七〇年代以降の大不況の下で都市における労働運動や社会主義運動が盛んになると、各国政府は国外ネットワークの拡大こそが不況克服につながるとして、不満を外にそらすことによる体制維持を図った。ナショナリズムは民衆の間に浸透し、各国間の争いは激化した。

ビッグ・ビジネスの登場

一九世紀後半は、ヨーロッパ、アメリカで新技術の発明が相次ぎ、イノベーション（技術革新）が急速に進んだ時代だった。広大な裾野《すその》産業を持つ鉄道建設が地球規模で進んだことが、重工業の成長を促したのである。レール、鉄橋などの材料になる鉄の需要は急激に伸び、一八七〇年から三〇年間に三倍に増加した。まさに鉄の時代の到来だった。一八七〇年代になるとベッセマーが転炉《てんろ》を発明し、ウィリアム・ジーメンスが平炉を開発して、従来の銑鉄《せんてつ》に代わり、炭素の含有量を下げ靭性《じんせい》と強度を高くした鋼鉄《こうてつ》の時代に移った。七〇年代初めから一九世紀末にかけて、鋼鉄の生産は三〇倍以上増えて約三三〇〇万トンに増加している。

脆《もろ》さを持つ銑鉄から丈夫な鋼鉄への転換は、強く、精巧な機械の製造を可能にし、都市には高層ビル群を出現させたが、それまで世界の製鉄業を主導していたイギリスは技術転換に失敗し、鋼鉄生産ではアメリカ合衆国、ドイツに次ぐ世界第三位に凋落《ちょうらく》した。

一八七〇年代には旋盤《せんばん》が自動化されて多くの製品が低コストで生産されるようになり、大量生産に拍車がかかった。石炭のタールや木材パルプを原料として人工染料、人工繊維を造る化学工業も七〇年代以降盛んになり、化学工業という新産業分野も急速に成長した。

一八六七年にドイツのヴェルナー・ジーメンスが発電機を発明し、蒸気機関に代わる新たな動力源となる電力を登場させ、効率の高いエネルギーの利用が可能になったこともネットワークの変動に大きな影響を与えた。一八八二年に、世界で最初の発電所がニューヨークで稼働して以来、電力の利用は急速に普及する。電気エネルギーの利用は新しい産業を次々に生み出し、石炭の需要は著しく増加することになった。一八六〇年に一億三二〇〇トンだった石炭産出量は、一九世紀末には約七億トンに到達している。

新技術群の登場は、当然のことながら地球規模のシステムから末端の家庭までを作り替えていく。それは、コンピューターが普及することで地球規模のシステム変更に直面している一九七〇年代以降の世界と同じである。一九世紀末になると一万人を越える労働者を雇用し、ホワイト・カラーと呼ばれる管理層を中心とする官僚的管理システムを持つ巨大企業ビッグ・ビジネスが欧米諸国に出現し利潤を競いあった。激しい競争の下で人間の欲望が開発され、多様な消費が創造されて製品が体系的に製造され、新製品の開発が企業の存続の鍵《かぎ》を握ることになった。

地表に群立する都市

一九世紀は、急激な都市膨張の世紀となった。フロー機能（諸サーヴィスの流通機能）を膨らませることで地球規模のネットワークを支配する西欧型都市が一挙に普及したのである。一八五〇年には人口五〇万人以上の都市は僅かに七都市だったが、一九〇〇年には四二に増加した。都市人口も一〇〇年間で四倍に増加し、人類の一〇人に一人が地球規模のネットワークにより支えられる大都市で生活するようになった。新大陸、オーストラリア、アジア諸地域などで商品として大量に生産される農作物、冷凍船で世界各地から運ばれてくる生鮮食品が欧米の巨大都市群を支えたのである。かつては周辺の地方を支配することで存続できた都市だったが、地球規模の高速ネットワークにより世界各地から商品としての食料を集める都市に姿を変えたのである。地球規模で拡散する「地方」は、交換という経済活動を通じて巨大都市群の統制下に入った。

一九世紀に都市人口が急速に増加した地域は、ヨーロッパと北アメリカだった。たとえば、都市の成長が著しいイギリスでは、一九〇〇年の段階で八〇％近い人々が都市で生活するに至った。それだけではなくヨーロッパでは、都市の再生が急速に進んだ。都市は、面貌《めんぼう》を一新したのである。非衛生な都市環境を克服し、疫病の伝染を防止するために医学が大きな役割を果した。一八七〇年以後細菌学が発達し、人類を苦しませてきたコレラ、結核、マラリアなどの病原菌が発見され、防疫法《ぼうえきほう》が開発された。一八六五年にグラスゴー王立診療所の外科医リスターが石炭酸を防腐剤として使用して効果をあげると、一八八〇年代には諸都市に広く普及することになる。

電力を利用した都市部と近郊を結ぶ電車、地下鉄の大量輸送システムは都市域を飛躍的に拡大させるとともに、隣接する都市と都市を直接リンクするネットワークを成長させて、メガロポリスの誕生を促した。一八六三年にロンドンに地下鉄が建設されると、欧米の主要都市では、ボストン（一八九七年）、パリ（一九〇〇年）というように、既存の市域を破壊しない地下鉄の建設が進んだ。ドイツのヴェルナー・ジーメンスが一八七九年のベルリン博覧会で世界初の電気鉄道（電車）の実験運転に成功して以来、電車も都市と近郊のネットワークを高速化する重要な手段となった。

エジソン（一八四七―一九三一）は、同じく一八七九年に電気で光る白熱灯《はくねつとう》を発明してガス灯時代を終わらせ、夜を第二の昼間に変えた。それと前後して彼は、蓄音機《ちくおんき》、映画技術、発電システムを開発し、都市がダイナミックに大衆文化を生み出すための基盤を築いた。アメリカで成長した音楽産業、映画産業は地球規模のネットワークを通じて人類に共有されるようになり、都市の影響力を一挙に強めた。

一八八〇年代に、シリンダー内で燃料を爆発的に燃焼させて、その熱エネルギーを機械エネルギーに転換する内燃機関が開発された。ドイツのダイムラー（一八三四―一九〇〇）は軽油を燃料とする軽量・小型のエンジンを開発し、一八八五年にそれを自転車に取り付けて世界初のオートバイを作った。翌年には四輪車にガソリンエンジンを取り付けた自動車を実用化させている。しかし、自動車生産が軌道に乗ったのは二〇世紀のアメリカであった。

フランスの化学者パストゥール（一八二二―一九五）の殺菌技術の開発は、多様な食料・飲料に応用されて食料の長期間の保存を可能にした。穀物、果物に次いで、一八七〇年代後半になると冷凍船による食肉の輸送も始まり、オーストラリア、ニュージーランドからイギリス向けの食肉輸送が進んだ。一八九〇年代になると、船舶にディーゼルの重油エンジンが用いられ、石炭に代わり重油が船舶のエネルギー源として利用されるようになった。

情報は地球を巡る

ネットワーク革命により地球規模で膨大な情報が行き来するようになると、国際郵便の組織が成長した。世界各地の鉄道と郵便船の定期航路がリンクして、国際郵便制度を支えたのである。一八七四年にスイスのベルンで国際協約が結ばれて万国郵便連合《ばんこくゆうびんれんごう》が設立され、低料金で国家の枠を越えた通信が可能になった。

一八六〇年代には大西洋横断電信ケーブルが実用化されて、電信が経済活動に利用されるようになり、欧米の大都市とアメリカ大陸の諸都市が電信ネットワークで結ばれるようになった。一八七六年には、アメリカのグラハム・ベル（一八四七―一九二二）が電話を発明し電気による声の伝達も可能となる。電話は、ヨーロッパ、アメリカで急速に普及したが、大西洋横断の海底ケーブルが敷設されて大洋横断電話通信がなされるようになるのは一九五六年のことである。一八九六年イタリアのマルコーニ（一八七四―一九三七）が無線電信の技術を開発し、一九〇一年には大西洋を越えた通信の実験が成功するなど、通信ネットワークは急速に地球の表面を覆った。

地球規模のネットワークにより集められた鮮度の高い情報は、経済活動を有利に進めるための商品としての価値を持つに至った。そこで通信社、新聞社などが、情報を商品として販売する活動を始めることになる。フランスのアバス、ドイツのウォルフ、イギリスのロイターなどの通信社は一九世紀前半に外交官、商人、金融業者などの顧客に情報の販売を開始し、アメリカでも一九世紀半ば以降、地方新聞社の協同組織としての通信社が誕生した（後のＡＰ）。一九世紀後半に海底ケーブル、電信などが急速に地球化すると、通信社は情報収集と配信のネットワークを世界規模に拡張する。

一八六九年のスエズ運河の開通、合衆国の大陸横断鉄道の完成で世界の高速輸送ネットワークは一つにつながり、物資の流れが加速化して高速で動くネットワークが巨大なモノとヒトの流れを生み出すことになった。世界の船舶総数は、一八四〇年の六七〇万トンから一八六〇年の一二八〇万トンへと一・九倍に増え、さらに一九一三年には四三〇〇万トン（一八四〇年の六・四倍）に増加して、一八六〇年の三・三倍になった。物資が往来するなかで、毎年莫大な富が世界システムの中心部ヨーロッパに蓄積され、地球上の諸地域世界のネットワークは自立性を失っていった。

ネットワークの地球規模での成長は、かつてない規模での人間の移動を生み出した。一九世紀は移民の世紀でもある。一九世紀を通じ、ヨーロッパから五〇〇〇万人の人々がアメリカ合衆国、オーストラリア、南アメリカなどの世界の各地に移住、拡散し、世界のヨーロッパ化が進められた。特にヨーロッパの辺境の人々や、東ヨーロッパで迫害を受けたユダヤ人の合衆国への移住は、二〇世紀初頭には年平均一〇〇万人を超えた。

また、一九世紀前半に奴隷貿易が廃止された後を埋める安価な労働力として中国人、インド人のクーリー（苦力）が世界の各地で利用されるようになる。奴隷貿易に代わるクーリー（苦力）貿易により多数の中国人、インド人が低賃金労働者として世界の各地に運ばれた。世界に広く分布する華僑《かきょう》（中国系移民）や印僑《いんきょう》（インド系移民）の社会が作りあげられたのも、この時期のことである。二〇世紀末になると、一億人の人々が自分の母国を離れて生活し、グローバル・ネットワーク上の人間の移動は日常化するが、そうした趨勢《すうせい》は一九世紀後半に既に起こっていたのである。

地球化時代の世界

大量生産・大量消費時代へ

世界を変えた一次大戦

オスマン帝国内の勢力拡大を巡《めぐ》るイギリス－フランス－ロシア・ブロックとドイツ－オーストリア・ブロックの対立は、バルカン半島のスラブ民族運動を巻き込んで緊張の度を増した。一九一四年になると、ボスニアの首都サライエボで起こったセルビア青年によるオーストリア皇太子夫妻の暗殺事件（サライエボ事件）がきっかけとなり第一次世界大戦（一九一四～一八年）が引き起こされた。ドイツは参謀総長シュリーフェンが立案していた、まずフランスを倒し、次いでロシアに向かうという短期決戦の作戦（シュリーフェン作戦）をとったが失敗し、戦線は膠着《こうちやく》化《か》した。また急激に装備を拡充したドイツ海軍ではあったが、ソフト面では長い伝統を有するイギリス海軍の優位を覆すことができずヨーロッパの制海権はイギリスの掌中にあった。

そこでドイツは最新鋭の潜水艦Uボートを前面に立てた戦術に切り替え、一九一五年にイギリスとアイルランド周辺海域を交戦区域とし、その区域に入って来た艦船を無条件に撃沈させる無制限潜水艦作戦をとった。しかし、その作戦は公海の自由を犯すということで合衆国参戦の口実となった。最終局面における合衆国の参戦が決定的要因となり、大戦はオーストリア、オスマン帝国と結んだドイツの敗北に終わる。

第一次世界大戦は、総力戦という一般市民、植民地の大衆を巻き込む大戦争となり、戦場となったヨーロッパ社会は荒廃した。大戦で、主戦場となったフランスは敗戦にも等しい大打撃を受け、イギリスも膨大な戦争物資を輸入に頼って債務国に転落した。第一次世界大戦は、西欧諸国の没落で終わったのである。

戦後、世界システムの主導権はヨーロッパ周縁部に位置するアメリカ合衆国とソ連邦に移り、両国のイデオロギーを背景とする厳しい対立の時代に入った。アメリカの歴史学者ウォーラスティンは『ポスト・アメリカ』で、アメリカ大統領の「ウィルソンは、アメリカ主義を宣伝し、〝民主主義にとって安全な世界を作る〟ことを約束した。レーニンは、共産主義を宣伝し、万国普遍の階級たる労働階級を、如何《いか》なる国においても政権につけると約束した。そしてこの時から一九八九年に至るまで、この二つの企ては二者択一的な対立イデオロギーとして存在」したと述べている。第二次世界大戦後の冷戦につながるアメリカ合衆国とソ連邦の覇権《はけん》争いが始まるのである。

一九一七年の三月革命でロシア帝国が崩壊し、ボルシェヴィキが指導する十一月革命で世界最初の社会主義政権が樹立されたロシアでは、自国を世界資本主義ネットワークから切り離し、革命の都モスクワを中心にして社会主義革命のネットワーク（一九一九年創設のコミンテルンが主導）を世界に巡らそうとする試みがなされた。しかしロシア帝国の国内植民地（中央アジア、シベリア）は、連邦制と社会主義イデオロギーによりそのまま維持されることになった。ロシアの革命政府は、革命後の干渉戦争で経済的危機に陥ると既存の資本主義体制との妥協の道を選び、新理念に基づき世界経済を再編する道を放棄した。

戦後、イギリス、フランスにより領土が分割されて植民地に等しい状態になったオスマン帝国では、ケマル・パシャ（一八八一―一九三八）が帝国を解体し、トルコ民族の国民国家を建設することで独立の回復を実現した。そのなかでケマル・パシャはカリフ制を廃止して西欧的国家システムの導入を図り、ウンマ（イスラーム共同体）の指導者カリフが廃されたことにより、イスラーム世界は結束の要を失うことになった。オスマン帝国を主導したトルコ人が積極的に西欧化の道を選んだことは、他地域にも少なからぬ影響を及ぼした。

図22　1913年のフォード自動車工場

アメリカン・ウエイ・オブ・ライフ

第一次世界大戦後、合衆国はそれまでの債務国から一転して、イギリス・フランスを中心に約一〇〇億ドルを貸し付ける世界最大の債権国となった。その合衆国では、一九二〇年代に自動車の普及、電気をエネルギー源とする生活革命、ラジオ、映画などの新媒体による大衆文化の形成が進み、二〇世紀後半に世界中に広まる都市生活のスタイル（アメリカン・ウエイ・オブ・ライフ）が生み出された。電力・石油エネルギーにより支えられる快適で合理的な都市的生活体系の出現であったが、新文明には西部の大規模開発で文明を育んできたアメリカ合衆国の負の側面もインプットされていた。資源の浪費と欲望の過度の解放である。

一九一四年にベルトコンベアによる流れ作業で大衆車のT型フォードの大量生産（フォード・システム）方式が確立され、一九一〇年に九五〇ドルだった価格が二四年には二九〇ドルと三分の一以下に低下し、自動車は急速に大衆化した。一九二〇年の二二三万台から一九二九年の五六二万台に生産台数が伸び、人口五人につき一台の割合で自動車が保有されるようになったのである。自動車の普及は関連諸産業の著しい成長をもたらしたのみならず、都市の広域化をいっそう進めた。鉄道よりも柔軟で小回りが効く自動車は、従来の道路網を高速化・緻密化し、自動車社会という新しいネットワークの時代を切り開いたのである。幌馬車のイメージから普及したという自動車は機械製のウマといってもよい大変に便利な乗り物だが、化石燃料の石油を大量に消費した。自動車の地球規模での普及は、大気汚染、地球温暖化という深刻なツケを人類社会に回してきている。

一九〇三年のライト兄弟の飛行実験で開発された動力飛行機は、第一次世界大戦中に軍事的に利用されるようになって量産され、戦後は約一七万機を数えるに至った。飛行機ネットワークは、大戦後郵便物の輸送に利用されたが、一九二四年にはアメリカ陸軍航空隊による世界一周がなされ、パン・アメリカン航空会社は一九三五年に太平洋横断航空路、一九三九年に大西洋横断航空路を開発して、世界一周の航空路を完成させた。大気圏に新しい高速ネットワークが張り巡らされるようになったのである。第二次世界大戦では、航空機が戦局を左右する重要な決め手となり、アメリカの約三〇万機を筆頭に、全世界で約七五万機の戦闘機、爆撃機が製造された。戦後の一九五八年になると、ニューヨーク―パリ間にジェット機の定期航路が開かれ、一九六〇年以降、世界規模でジェット機の超高速ネットワークが一気に作りあげられていく。空港と空港を障害物のない大気圏でつなぐ超高速ネットワークには、長大な滑走路、航空管制施設、ジェット機が必要だったが、他の人工的ネットワークと比べるとネットワーク構築、維持の費用が安価であり、二〇世紀末以降に急速に地球化した。

一九一九年にウィスコンシン大学で実験放送が行われたラジオ放送は二〇年代に一挙に普及し、一九二二年には全米で五〇八の放送局が乱立するに至った。一九二九年になると、合衆国の約四割に当たる一二〇〇万の家庭にラジオ受信機が備え付けられ、NBCとCBSの全国ネットワークが成立するに至っている。

映画産業の発達も目覚ましく、カリフォルニアのハリウッドが映画産業の中心として繁栄し、毎週約八〇〇〇万人のアメリカ人が映画館に通うようになった。一九二七年になるとトーキーも登場する。新メディアを通じてジャズなどの軽音楽、野球・バスケットボール・フットボールなどのプロ・スポーツ、映画が普及し影響はやがて世界に波及した。

大戦後の世界経済を支え、新しい都市的生活様式の体系を発信するようになった合衆国で都市人口が五割を超えたのは、一九二〇年のことである。国際金融の中心がロンドンのロンバート街からニューヨークのウォール街を中心とするロワー・マンハッタン金融街に移り、新たな資本の流れが生み出された。世界ネットワークのセンターとなったニューヨークは急成長を遂げる。一八〇〇年には人口六万人、一八五〇年には五〇万人ほどであった人口が一九二〇年には八〇〇万人を数え、世界最大の都市となった。ちなみに一九二〇年に人口四〇〇万人を超える都市は、ニューヨーク、ロンドン、パリ、ベルリン、東京の五都市、人口一〇〇万人以上の都市は二七を数えるのみであった。

地球規模の一元的システムの帰趨

一人勝ちしたアメリカ

第二次世界大戦（一九四一―四五年）ではヨーロッパの戦線とアジアの戦線がつながり、戦争は第一次世界大戦をはるかに超える地球規模の総力戦になった。大戦の結果、敗戦国のドイツ・日本・イタリアだけではなく、ドイツ軍の空爆による大打撃を受けたイギリス、ドイツに占領されたフランスもともに衰退し、ソ連もナチス・ドイツとの大規模な戦闘で二〇〇〇万人の死者を出し、力を弱めた。合衆国だけが世界の兵器廠《へいきしょう》・食糧庫として、大幅に経済を成長させたのである。合衆国は、ヨーロッパ諸国と日本を従属させ、大西洋・太平洋という二つの大洋（オーシャン）ネットワークを制覇《せいは》し、その優位は決定的になった。合衆国のドルが地球規模のネットワークを血液として行《ゆ》き交《か》い、世界各地の経済ネットワークを支配していく。

大戦中に二倍以上の経済成長を遂げた合衆国は、世界の工業生産の半ばを占め、世界の金の八割を保有した。アメリカの覇権《はけん》の時代の始まりである。ヨーロッパもアジアも、戦争の惨禍《さんか》から復興するには合衆国の支援に頼らざるを得なかった。そのために、ドルは金と交換できる唯一の通貨となり、ドルを基軸通貨《きじくつうか》とする国際的な金ドル本位制がとられることになった。各国の金本位制の複合である国際通貨制が姿を変え、ドルが唯一の世界通貨として認知されたのである。

大戦後、圧倒的な軍事力・経済力で大西洋と太平洋のネットワークを抑えた合衆国は、積極的リーダーシップを発揮してヨーロッパ、日本の経済を再建し、経済・軍事上の優位と民主主義イデオロギーを武器に地球規模の覇権確立をめざした。合衆国の覇権は、国際連合という国際機構、世界銀行、GATT（関税貿易一般協定）などを利用してドルを基軸とする世界資本主義の一元化を実現したところに特色があった。

国連とIMF体制

合衆国を中心とする同盟諸国が常任理事国として拒否権を持つ安全保障理事会が主導する国際連合を通じて、自国に有利な戦後秩序を確立するというのがアメリカの構想だった。しかし、構想は冷戦により早々に挫折《ざせつ》していく。スターリン（一八七九―一九五三）の指導するソ連が、社会主義イデオロギーを武器にアメリカ合衆国の覇権に挑戦したことから安全保障理事会は機能しなくなり合衆国の思《おも》惑《わく》は挫折した。

通商面でも合衆国は、自国の絶対的な経済的優位を前提に、自由・多角・無差別の原理により国際貿易の拡大をめざす関税貿易一般協定（GATT）と通貨・金融面で各国の通貨価値をドルで表示し、固定相場制をとる国際通貨基金（IMF）体制の確立に努めた。この両者を世界経済を支える車の両輪に仕立てあげたのである。他を圧倒するアメリカが世界経済を牛耳《ぎゅうじ》るIMF・GATT体制（あるいは構想ができあがった会議場所をとりブレトン・ウッズ体制という）である。アメリカ合衆国は、強者の優位を守るための自由を掲げ、経済的つながりを地球規模で強化した。

しかし七〇年代以降、冷戦を維持するコスト、ヴェトナム戦争の巨額の出費、ヨーロッパ・日本の経済復興などによりアメリカ経済が後退し、各国の保有するドルが増加してドルへの信任が急速に揺らいだ。そうしたなかで、合衆国大統領ニクソン（一九一三―九四）は一九七一年に金・ドルの交換停止（ドル・ショック）に踏み切った。突然の措置で世界経済が軋《きし》んだ。それに一九七三年の第四次中東戦争に伴う石油価格の高騰が追い打ちをかける。スタグフレーション（不況と物価上昇の併存状況）という世界規模の不況が広がり、IMF・GATT体制は崩れ去った。一九七三年の市場に通貨価値の判断を委ねる変動通貨制への移行、一九七五年以来のサミット（主要先進国首脳会議）で世界経済は危機を脱したものの、極めて不安定になった。コンピューターと通信技術の進歩が金ドル本位制にかわる新たな国際通貨体制を出現させたのである。アメリカの覇権は、変容を迫られることになった。

世界経済は、多国籍企業、国際短期資金（アメリカの規制の外にあるロンドンでのドル市場で「ユーロダラー」という）の活動の場に変わり、急速に姿を変えることになる。

アジア・アフリカからの胎動

中途半端に終わった独立

第二次世界大戦は、ヨーロッパ諸国の植民地支配体制を地球規模で解体させた。世界経済を丸ごと支配することをめざした合衆国にとっては一九世紀的世界秩序の崩壊は望むところであり、ソ連も植民地を失うことによりもたらされるヨーロッパ諸国の弱体化は自国を有利にするものと考えた。

こうした有利な条件もあって、アジア・アフリカの広大な地域に新興国民国家（ネーション・ステート）が続々と誕生したのである。一九四五年から一九六四年の間に実に五三の国々（アジア二〇ヵ国、アフリカ三三ヵ国）が誕生しており、世界人口の三〇％あまりが新しい国家を持ったが、その後も国民国家の数は増加し続け現在は一九〇ヵ国を数えるに至っている。

特に一九四九年にかつての清帝《しん》国の領土を保持したまま、中華人民共和国という国民国家が形成されたこと、ヨーロッパ諸国が築いた植民地の領域をそのまま領土として継承するかたちで、アフリカに多数の国民国家が誕生したことは特筆すべき出来事だった。

一九五五年にインドネシアのバンドンで、アジア・アフリカの二九ヵ国の政府代表が参加して開催されたバンドン会議（アジア・アフリカ会議）は、アジアとアフリカの政府代表により開かれた最初の国際会議であり、世界史の大転換を世界に明示した。

会議は、反植民地主義、民族主権、人種差別の撤廃などの平和一〇原則を採択し、後の反植民地運動に大きな影響を与えている。インドの首相ネルー（一八八九—一九六四）、インドネシアの首相スカルノ（一九〇一—七〇）、エジプトの首相ナセル（一九一八—七〇）などの主導の下で、アジア・アフリカの新興独立国の多くは、米ソの両陣営のいずれにも属さない第三勢力として世界史の形成に一定の影響力を持つようになった。

しかし、新興独立国は旧植民地当時の領域を継承し、古い経済関係を引きずったままヨーロッパ的な国民国家の枠組みの下で独立したため、一九世紀以来の世界システムは軋みながらも持続することになった。一九世紀的世界秩序の変動は最小限に抑えられ、アジア・アフリカに国民国家が誕生するという変動に限定された。長い歳月をかけて建設された欧米中心の高速ネットワークは健在であり、その上に立った世界の再編がなされたのである。欧米諸国は、既存の世界経済システム、安全保障理事会を中心として大国が世界秩序を維持する国連により主導権を維持し続けることができた。七〇年代になると、アジア・アフリカ諸国の台頭と石油危機に対応するためにサミット（主要先進国首脳会議）が毎年開催されるようになる。

変貌するアジア・アフリカ

アジア・アフリカ諸国も、独立後半世紀に及ぶ時間が経過するなかで、多様化の道を歩むことになった。しかし、短期間で独立したこともあり、新興諸国は二つの大問題を抱えていた。エスニシティ（民族集団）紛争と南北問題である。

地球上には約三〇〇〇の民族が居住しているとされるが、それら民族が約一九〇の国民国家に割り振られたのである。その結果、国家により民族が分断されたり、特定の民族、部族、宗派がマイノリティ（少数派）として政治から除外され、異なる言語・文化を強要されたり、宗教的に分裂するなどの原因による対立が生じ、各国でエスニシティ紛争が繰り返されることになった。

国民国家を国際社会の基礎単位と考える現在の世界秩序を維持するには、紛争の拡大をなんとか防止し、柔らかいかたちでの政治単位の再編が必要になるが、国民国家の神話がそれを妨げている。国民国家を参加単位とする国際連合も激動する世界情勢には対応しきれず、各種の非政府組織（NGO）のネットワークが大きな役割を果たすようになってきている。

経済面では、六〇年代以降先進工業国が途上国の開発援助を行って経済格差の是正をめざしたが、世界システムの中心と周辺の関係には変化がなく、富は中心に還流して経済格差は増大の一途をたどった。そうした経済格差は、途上国に貧困と飢餓《きが》を広め深刻な社会問題となった。それが、南北問題である。一九六四年に設立された国連貿易開発会議（UNCTAD）は、先進工業国に有利な世界貿易の交易条件を改め新しい経済秩序を確立することを主張したが、世界貿易システムの現状を変えることはできなかった。

一九七三年、イスラエルに占領されていたシナイ半島、ゴラン高原などの奪回をめざしてエジプト、シリアが第四次中東戦争を起こすと、アラブ石油輸出国機構（OAPEC）は原油価格を一挙に引き上げるとともに原油供給量を削減する石油戦略を発動し、先進工業国の経済に深刻な影響を与えた。それを第一次石油危機という。先進工業国はエネルギー資源の急激な価格騰貴により大打撃を受け、スタグフレーションという深刻な不況に見舞われた。戦後の好況の時代は終わり、国際収支の悪化、低成長の時代への転換がなされたのである。そうした状況を乗り切るために、一九七五年以降、先進六ヵ国（後にカナダも参加するようになって七ヵ国）の首脳によるサミット（先進国首脳会議）が毎年開催されることになった。一九七九年になると、イラン革命が起こり、革命政府が石油供給量を削減したために、再度石油価格は高騰した（第二次石油危機）。開発途上国も資源を持つ国と持たない国の間の経済格差が広がっていくことになる。

他方、工業生産力の飛躍的拡大による地球規模での多角的貿易の進展、多国籍（世界）企業の増加は、地球規模の多重的ネットワークを利用した国際分業関係を拡大、再編した。一九六七年から八七年までの間に多国籍企業の海外投資残高は九倍に増加し、多国籍企業の活動が最も活発なアメリカ合衆国では、国内生産の五分の一が海外でなされるに至った。日本も、一九七〇年代以降、同様の傾向を強めている。

七〇年代以降長期の不況が続くなかで、国際市場における企業間の価格競争が激化し、国際競争に打ち勝つための安価な労働力の獲得と新たなビジネス機会を狙って、先進工業国から周辺の途上国への資本、技術の流出が急速に進んだ。アジアでは、韓国、台湾、シンガポール、タイ、マレーシアのような新興工業国家群（ＮＩＥＳ）が出現し、経済特区を設けた中国、ヴェトナムなどの社会主義国にも、そうした動きは広まりつつある。七〇年代以降、アジア・アフリカの広大な諸地域に政治的、経済的な新秩序形成の動きがようやく広がり、貧富の差も拡大した。新興独立諸国家がばらけるようになり、新たな世界経済秩序が形成される段階に入っている。

ハイテク革命と混迷する世界

自動車とジェット機網

電力を利用した家庭電化製品群と自動車・通信機器は、都市の内部での快適な生活を誕生させた。一九二〇年代のアメリカでは、百貨店、チェーン店が流通革命を推し進め、大量に生産される工業製品はアメリカン・ウエイ・オブ・ライフという大衆消費社会を生み出した。この新しい生活様式は、第二次世界大戦後急速に地球化していく。大量の物資の流通、情報の伝達は人間の欲望を刺激し、モノが回転して企業は利潤を上げた。一見誰も損をしていないように思えるのだが、自然環境は過剰開発で多大の負荷《ふか》を負うようになり、悲鳴をあげるようになった。過剰生産を支える地球規模の高速ネットワークと都市の肥大化が、地球環境問題を登場させたのである。

自動車がつくりあげたソフトな高速ネットワークは、都市と地方の結び付きを多様化、高速化した。鉄道は幹線を軸に平野部に輸送を集中させていたが、トラック、バス、自動車は地理的条件を乗り越えて効率的、経済的にネットワークを陸地全体に拡大した。その結果、かつては平野部に限定されていた利便性が、広域に拡大されることになった。

一九〇〇年に全米で八〇〇〇台にしかすぎなかった自動車は、一九二一年には一〇〇〇万台に増加し、一九五〇年代には全世界で約五〇〇〇万台となり、一九八〇年代には四億台という凄《すさ》まじい数の自動車が世界中を走り回っている。自動車産業が主要産業になった合衆国では一九三〇年代以降、自動車、石油産業が鉄道を買収してバス路線に替え、さらにバス路線も廃止して、自動車の需要を増やす方策がとられた。自動車は多くの石油を食う乗り物で、全世界の石油消費量の三分の一以上を自動車が消費していると推定されている。合衆国は一九二〇年に世界の総石油消費量の六四%、一九二五年に七〇%を占めるようになり、現在でも半分以上を占めている。

一九〇三年にライト兄弟の手で僅《わず》か一分間だけの飛行実験に成功した飛行機も、第一次世界大戦後に急速に実用化され、戦後は世界各地に定期航空路が作られた。第二次世界大戦後になるとジェット機が実用化され、世界中が高速ネットワークで結び付くようになる。その結果地球は急激に狭くなり、人々の長距離移動が簡便になって、極めて多くの人々が地球規模で往来する新時代が到来したのである。

狭くなる地球

第二次世界大戦後テレビの普及が目覚ましく、六〇年代の中頃には先進工業国の九割を超す人々が一家に一台のテレビ受像機を備え付けるようになった。七〇年代以降になると、カラー受像機が急速に普及してテレビの魅力は倍増した。その結果、地球規模の電波ネットワークを通じて瞬時に情報が家庭内に備え付けられた端末にリアルに伝播《でんぱ》することになり、人類は一体化した情報網のなかで生活するようになった。

第二次世界大戦後、ハイテク革命という急激な技術革新が進んだ。その中心になったのは、エレクトロニクス（電子工学）の急速な発達だった。一九四八年にアメリカで発明されたトランジスターは六〇年代に真空管に代わり、七〇年代にはＩＣ（集積回路）、ＬＳＩ（大規模集積回路）、超ＬＳＩが開発され、極小化された安価なマイクロプロセッサーを利用して産業のオートメーション化、ロボット化が進んだ。エレクトロニクスと先進機械工学を結合させたメカトロニクスにより、機械設計、製造管理、生産の諸部門が機械化され、情報化社会の基盤が整えられた。エレクトロニクス技術は、自動銀行システム、自動株式取引・金融取引システムを作りだして、コンピューターにより結び付けられたネットワークで世界中の金融取引が瞬時に処理されるようになった。いまや、大型コンピューターとつながるコンピューター・ネットワークの見えざる網の目が地球規模で張り巡らされ、インターネット、Iモードというかたちで個人の生活の領域にまで、地球ネットワークとつながる端末が配置されるようになってきている。

　コンピューターの普及は経済活動の担い手である企業の在り方を一変させた。経済の成長を支えてきたビジネス領域での官僚機構は、正確・忠実に働く大型コンピューター、情報伝達システムにとって変わられ、変容を迫られた。社会のトレンドを読み、企画・立案に当たるセクションと現場が重視され、中間管理層の必要性は希薄になったのである。一九世紀後半以降、ビジネスの世界でシステムを維持してきたホワイト・カラーの必要性は弱まり、国家や都市を支える官僚システムも変容を迫られている。

　赤道上空に打ち上げられ地球の自転速度で飛行する静止衛星が通信衛星、気象衛星などとして利用され、海底に張り巡らされた光ケーブル網などを利用して、大量の情報が世界中を瞬時に駆け巡り、端末のインターネットやケイタイに接続されている。地球規模の超高速情報ネットワークは、個々人をもその中に組み込むに至ったのである。

　一九七〇年代以降急速に進み、港湾の景色を一変させたコンテナ革命は、同一規格のコンテナに貨物を積み込むことで船からの貨物の陸揚げを機械化、コンピューター化することで飛躍的に能率化し、物資の大量輸送、陸・海・空の一貫輸送を可能にした。他方、造船技術の進歩は、数十万トンの巨大コンテナ船を誕生させた。コンテナ船により海を渡った貨物は、そのままトレーラーで陸上輸送され、物によっては飛行機に積み込まれる。海、陸、空のネットワークが合理的・能率的にリンクするようになったのである。その結果、それ以前には予期できなかったような、モノの特性に応じた地球規模の大量高速輸送が可能になった。

壁に直面する人類社会

次から次へと欲望を開発し市場を広げることに血眼《ちまなこ》になり地球のエコシステムの破壊に目を向けない都市文明は、無政府性を克服できないままに膨張を続けている。神の見えざる手は存在せず、利益を競い合う「市場原理」も当てにはならない。自然の微妙な調和により維持されている地球のエコシステム（生態系）をどのように守り、人類が五〇〇〇年の歴史の中で成長させ重層的に積み上げてきた巨大な都市群と地球規模のネットワークとどう共存させるのかが二一世紀の最大の課題になっている。

もう一つの深刻な問題は、人口増加と失業問題である。地球を覆う高速ネットワークを利用した開発は人口爆発をもたらしたが、他方でコンピューターとハイテク技術は、大規模に労働力を節約することになった。生まれいずる生命と雇用の機会との間に恐ろしいほどのアンバランスが生じ、世界規模で貧困が広がっている。貧富の差が凄《すさ》まじい勢いで拡大しているのである。

また人口動態を見てみると、現在、ヨーロッパ、ロシア、日本、アメリカ合衆国の「白人」の人口増加率は極めて低く、アジア・アフリカの人口増加率が高い。こうした人口動態は、当然のことながら地球規模でネットワークが再編されて行く大きな要因になる。アメリカ合衆国でいえば白人以外の人口増加率が高く、白人がアメリカ合衆国のマイノリティ（少数派）になる日は、そう遠くない日にやってくる。二一世紀の覇権国家をめざすアメリカ合衆国もアキレス腱を持っているのである。

こうした要因が組み合わされて二一世紀の人類社会のトレンド（方向性）が決せられるのであろうが、それは未だ明らかではない。日々の試行錯誤の積み上げにより、新しい世界システムが姿を現してくることになる。

都市と都市間ネットワークの発達で急速な変貌《へんぼう》を遂げて来た人類社会は、二一世紀に入ってグローバル・ネットワークの再編期を迎え、今だかつて経験しなかった難問の解決を迫られている。文明が形成されてから五〇〇〇年が経過し、人類社会は未曾有《みぞう》の転換期に差しかかっているのである。地球規模での都市とネットワークの変化を注意深く見守ることが必要だが、同時に都市という人工空間の将来、都市を核とするネットワークと地球環境の関係、についても思いを巡らす必要がある。

世界史と現代・未来——エピローグ

最近よく使われる言葉にユニヴァーサル・デザインがある。狭い意味では健常者と身障者が共用できるデザインであり、広い意味では汎用性《はんようせい》を持つデザインということになる。人生も社会も生モノで常に変容の過程にあり、その中でデザインは古くなっていく宿命を持っている。そのように考えるとユニヴァーサル・デザインは実際には存在し得ないことになるが、それぞれの時代から見たユニヴァーサル・デザインは必要であり、常に作り替えられていく必要がある。歴史の見方・考え方も一種の思考の枠組みであり、それぞれの現代を説明し、未来へのトレンドを考える縁となることが求められている。社会が著しく変容する時代に、新しい枠組みが求められることは言うまでもない。

一九七〇年以降、ハイテク革命が地球規模での大変動を呼び起こし、あらゆる分野での諸システムのデザイン変更が求められている。グローバリゼーション（地球化）という名で呼ばれる地球規模の変動がそれである。当然のことながら、一九世紀にヨーロッパで考え出された西欧中心主義史観は急速に汎用性を失ってきている。ヨーロッパでも、イスラーム社会でも、中国でも、ともに人類史を考える際に利用できる新しい仮説が必要なのである。地球世界史と呼んでいいかもしれない。そこで人類史全体を鳥瞰《ちょうかん》できる新たな仮説としてデザインしてみたのが、都市とネットワークの変容に着目し、マクロ的視点から人類史を把握しようとするネットワーク論である。

ネットワーク論は、時間軸と人類史を動かす駆動力《くどうりょく》のある空間（空間軸）を組み合わせ、複雑な人類史全体の方向性（トレンド）を明らかにしようとする。世界史の中心地域は時代により地表を移動し、現代社会につながる。本書は紙幅の関係もあって素描の域を出ていないが、グローバリゼーションの時代につながる「グローバル・ヒストリー」への誘いである。

ところで平成一一年版学習指導要領の高等学校「世界史B」の内容構成は、以下のようになっている。

1　諸地域世界の形成
2　諸地域世界の交流と再編

3　諸地域世界の結合と変容

4　地球世界の形成

若干説明を加えると、1は、「諸文明と地域世界の形成」、2は「ユーラシアの内陸、海のネットワークを背景とする諸地域世界の交流の活性化と新たな地域世界の形成と再編」、3は「大航海時代」から一九世紀末までを対象に、「諸地域世界の結合の一層の進展、ヨーロッパにより世界の構造化と社会変容が促されたこと」を学び、4は二〇世紀を対象に、人類社会の「地球規模での一体化、相互依存が強まったこと」を学ぶようにしようという提言である。

ここで述べられている1は、世界帝国の形成、2は、ユーラシア規模の世界帝国の出現、3は、大洋（オーシャン）・ネットワークの拡大、ネットワーク革命と高速ネットワークの地球化、4は、地球化時代、ということで、ネットワーク論の枠組みと合致する部分が多い。新「世界史B」の枠組みは、従来のヨーロッパ中心史観を乗り越え人類社会の地球化に対応しようとする試みであるといえる。

社会は生モノであり、予測し得ない変化が次々に姿を現す。歴史は現代と直結しており、現代を読み解くために存在するのであるから、わたしたちの世代には、わたしたちの世代のデザイン（歴史認識のための枠組み）が必要であると思われる。

過去には入口がなく、過去に生きられないことは明らかである。そうであるとするならば、現代の社会を考えるのに役立つ歴史構成が大切になる。ネットワーク論は歴史を読み解くための一つの仮説であり、デザインである。それが有用か否かは、過去・現代の社会事象を未来に続くものとして、時間軸、空間軸の中に位置づけられるか否かにかかっている。多面的、多角的に多くの仮説のデザインがなされ、現代から未来につながる人類社会の道筋の検討がなされることが歴史学でも必要になると考えている。

あとがき

一九四九年に高等学校に「世界史」という科目が誕生してから半世紀以上が経過した。その間の世界の変動には目を見張るものがある。ヨーロッパもアメリカ合衆国もソ連も中国も、そしてアジア・アフリカも全くその姿を変えてしまった。ソ連は崩壊し、アメリカも最早、昔のアメリカではない。伝統（tradition）により社会システムが維持されていた長い一九世紀は終わり、ハイテク革命を土台とする新しい時代の大きなうねりが鍍金《めっき》された理念、装置を白日《はくじつ》の下に晒《さら》していく。グローバリゼーションの時代は苛酷《かこく》である。

早いテンポで変容を遂げる現代社会で生き抜いていくには、各自が自己の責任でリスク（risk）を取る必要があるとされる。リスクはイスラーム世界で用いられた言葉リスコを語源とし、「海図のない航海」を指すという。海図もなく大西洋に乗り出したコロンブスは、ジパング発見という強い信念をもっていたが、実際には風と潮流を読んで新大陸に至る航路を拓《ひら》いた。ともするとコロンブスの信念に目が注がれがちであるが、私はコロンブスの船団の航海技術に注目したい。なぜかと言うと、それがなければコロンブスの航海は無謀な試みに終わってしまっていたからである。

変化の早い時代であるからこそ、社会に組み込まれている変化の趨勢《すうせい》（trend）を読む目と新しい時代に合った装置をデザインする力が求められる。それは、人類社会の中で生きていくための航海技術のようなもので、リスクを取って生きるにはその技術の修得が欠かせない。歴史教育にも、そうした時代の要請に応える義務があるのではないかと考える。

それではどうすれば、社会の変化を読む力が得られるのか。変化に色や方向を付けず、冷徹にありのままの歴史、社会を見る訓練を積み重ねることが必要である。人間にとり理想や理念はもちろん必要であるが、それで歴史に色が付いてしまうと変化を読む力を強化することができない。また矛盾に満ちた社会を多面的、多角的に分析することもできない。

理念を背景とする歴史学習と変化を学ぶ歴史学習を区別する必要がある。多様な理念を歴史から学ぶことも必要であるが、両者のバランスが問題になる。生物（なまもの）でまさに千変万化《せんぺんばんか》の動きをする社会の姿を人類史から学ぶことが肝要である。現状では理念よりも変化を読みとる訓練の比重を飛躍的に増加させる必要があろう。

西欧中心主義、中華思想と「天」の思想、イスラーム共同体の思想など世界史には多くの理念が混在している。また、変化を「進歩」・「発展」と考える時間認識も、「最後の審判」を根底に据えるキリスト教の理念に基づいている。こうした観念により変化に一定の方向性を与えてしまうと変化そのものの姿を把握することができにくくなる。

色が付かず「道具」として使える概念装置を使い、現代的視点に立って歴史を分析、再構成することは、あらゆる社会にインプットされている変化を理解する上で有用である。歴史は多様な物差しによる多様な解釈が可能である。混乱を来《きた》すと心配する必要はない。汎用性《はんようせい》を失った概念装置はやがて淘汰《とうた》されていくものである。

例えとして適切でないかも知れないが、株価の変動を示すチャートは純粋に変化をグラフ化したものであり、その変動の背後には複雑な経済社会の動きがある。しかし、経験的にいろいろなチャートの読み方が示され、汎用性の高い読み方は生き残っていく。変化を進歩・発展とのみ考えるのは株価の右肩上がりの上昇を盲信するようなものである。

都市と都市を支えるネットワークを基礎概念とするネットワーク論は、特定の色が付かない概念装置によりマクロな視点から世界史の趨勢を構成してみようとする一つの試みである。都市の膨張、多重的ネットワークの地球規模の拡大、緊密化が、良いか悪いかというような評価は差し控えている。ただ事実が事実として把握されるのみである。ネットワーク論では、中華世界もインド世界もイスラーム世界もヨーロッパ世界も、都市と都市を支えるネットワークの変容により巨視的に把握され、人類社会のセンター（駆動地域）もネットワークの変化により次々と遷移し、地理的位置を変えていく。ネットワークの成長は、地表の地理的条件により左右されることになるので、ネットワーク論は地理的歴史と言うことにもなる。

ほぼ一〇年前に、そうした視点に立って一つの大規模なネットワークを空間的に把握してみようと考え、イスラーム世界の商業ネットワークがユーラシアの広い地域に及んだ時代をトータルに記述したのが『イスラム・ネットワーク』（講談社）であった。その頃と比較すると、地表を覆《おお》う現代社会のネットワークは一層の緊密化に向かっている。九・一一からアフガニスタン戦争、イラク戦争の過程は、地球規模で多重的ネットワークが厚みを増している現状を如実《にょじつ》に物語っている。国境に遮《さえぎ》られないネットワーク論の視点の有用性は更に強まっていると考える。

ここ数年、私は柳田国男《やなぎたくにお》の「史心」に学んで、「モノ」を題材とする歴史学習を考えている。モノには特別な色があまり付いておらず、そのなかに不可視的な歴史性、空間性が秘められている。例えば、砂糖、コーヒー、紅茶が起こした食卓革命、インド産キャラコが起こした衣料革命による一八世紀から一九世紀に至る環大西洋世界の社会変化の理解は、日常の生活の場にある自動車、冷蔵庫、TV、ケイタイの普及による現代社会の変化を考える目を育ててくれる。

歴史家ブローデルの言を引くまでもなく、政治と事件を偏重する歴史教育は一考を要する。なぜなら私たちは過去への入り口を持たず、現在と近い未来で生きるしかないからである。過去の観念にとらわれるのではなく、多様な変化を歴史から読みとることで未来を生き抜く力を修得する。歴史は、まさに「未来との対話」である。

二〇〇四年十一月

宮　崎　正　勝

著者紹介

一九四二年　東京都に生まれる
一九六六年　東京教育大学文学部史学科卒業
現在、北海道教育大学教育学部教授

主要著書

イスラム・ネットワーク　鄭和の南海大遠征
ジパング伝説　世界史の海へ　モノの世界史
文明ネットワークの世界史　早わかり世界史
世界史を動かした「モノ」事典〈編著〉　地
図と地名で読む世界史

歴史文化ライブラリー
183

グローバル時代の世界史の読み方

二〇〇四年（平成十六）十二月一日　第一刷発行

著　者　宮《みや》崎《ざき》正《まさ》勝《かつ》

発行者　林　英男

発行所　株式会社　吉川弘文館
東京都文京区本郷七丁目二番八号
郵便番号一一三―〇〇三三
電話〇三―三八一三―九一五一〈代表〉
振替口座〇〇一〇〇―五―二四四
http://www.yoshikawa-k.co.jp/

印刷＝株式会社 平文社
製本＝ナショナル製本協同組合
装幀＝山崎　登

歴史文化ライブラリー

1996.10

刊行のことば

現今の日本および国際社会は、さまざまな面で大変動の時代を迎えておりますが、近づきつつある二十一世紀は人類史の到達点として、物質的な繁栄のみならず文化や自然・社会環境を謳歌できる平和な社会でなければなりません。しかしながら高度成長・技術革新にともなう急激な変貌は「自己本位な刹那主義」の風潮を生みだし、先人が築いてきた歴史や文化に学ぶ余裕もなく、いまだ明るい人類の将来が展望できていないようにも見えます。このような状況を踏まえ、よりよい二十一世紀社会を築くために、人類誕生から現在に至る「人類の遺産・教訓」としてのあらゆる分野の歴史と文化を「歴史文化ライブラリー」として刊行することといたしました。

小社は、安政四年（一八五七）の創業以来、一貫して歴史学を中心とした専門出版社として書籍を刊行しつづけてまいりました。その経験を生かし、学問成果にもとづいた本叢書を刊行し社会的要請に応えて行きたいと考えております。

現代は、マスメディアが発達した高度情報化社会といわれますが、私どもはあくまでも活字を主体とした出版こそ、ものの本質を考える基礎と信じ、本叢書をとおして社会に訴えてまいりたいと思います。これから生まれでる一冊一冊が、それぞれの読者を知的冒険の旅へと誘い、希望に満ちた人類の未来を構築する糧となれば幸いです。

吉川弘文館

〈オンデマンド版〉
グローバル時代の世界史の読み方

歴史文化ライブラリー
183

2019年（令和元）9月1日　発行

著　者　宮《みや》崎《ざき》正《まさ》勝《かつ》
発行者　吉川道郎
発行所　株式会社　吉川弘文館
〒113-0033　東京都文京区本郷7丁目2番8号
TEL　03-3813-9151〈代表〉
URL　http://www.yoshikawa-k.co.jp/

印刷・製本　大日本印刷株式会社
装　幀　清水良洋・宮崎萌美

宮崎正勝（1942～）

ISBN978-4-642-75583-2